Reihe Hanser 131

Auguste Comte

Plan der wissenschaftlichen Arbeiten, die für eine Reform der Gesellschaft notwendig sind

Einleitung von Dieter Prokop

ISBN 3 446 11789 X

Ausstattung:
Heinz Edelmann
Gesamtherstellung:
Friedrich Pustet, Regensburg
Printed in Germany

Auguste Comte. Plan der wissenschaftlichen Arbeiten, die für eine Reform der Gesellschaft notwendig sind.

»1822 schrieb der ›Begründer der Soziologie‹ das hier vorgelegte Jugendwerk, dessen Gedanken er später nur noch entfaltete. Für Comte bestand die Funktion der Soziologie darin, Anleitung zur Reform in einer Situation politischer Unruhe und Krise der nachrevolutionären europäischen Gesellschaften zu sein. Sein Selbstverständnis der Notwendigkeit, mittels einer wissenschaftlichen Sozialtechnik zwischen den Königen und den Völkern, den Industriellen und dem Proletariat zu vermitteln, ›das alte System aufzugeben und doch eine regelmäßige und stabile Ordnung zu schaffen . . . um den gewaltsamen Unordnungen zuvorzukommen, denen die Gesellschaft beim alleinigen Vorherrschen der reaktionären oder der kritischen Partei ausgesetzt wäre‹, impliziert das Dilemma aller Modernisierungsversuche zwischen Konservativismus und Realdemokratie. Das Problem, die Entfaltung der Produktivkräfte auf dem Boden des Privateigentums zu sichern, führt bereits Comte zur Suche nach harmonisierenden Institutionen.«
Dieter Prokop skizziert in seiner Einleitung den technokratischen Entwurf Comtes, die Erfahrungsdimensionen eines disziplinierten Bewußtseins im Comteschen Sinne und zeigt, wie sich im Spätkapitalismus die materiellen Grundlagen einer zwanglos disziplinierten Erfahrungsstruktur, des »praktischen Positivismus«, herstellen.
Auguste Comte (1798–1857) war einer der Begründer des Positivismus, er entwarf programmatisch die Soziologie in ihren Inhalten, Methoden und politischen Funktionen. Ihm ist die positivistische Soziologie noch heute verpflichtet. Werke: Cours de philosophie positive (1830–42); Discours sur l'esprit positif (1844); Catéchisme positiviste (1852); Système de politique positive (1854).
Dieter Prokop, geb. 1941, ist Dozent für Soziologie am Fachbereich Gesellschaftswissenschaften der Universität Frankfurt. Buchveröffentlichungen: Soziologie des Films (1970); Materialien zur Theorie des Films (1971); Massenkommunikationsforschung (1972/73); Mitherausgeber der ›Reihe Hanser Kommunikationsforschung‹.

Inhalt

Einleitung

Auguste Comte, Massenbewußtsein und praktischer Positivismus

1. Technokratie: Naturwissenschaftliches Denken als neutrale geistige Gewalt

1822 schrieb der »Begründer der Soziologie« das hier vorgelegte Jugendwerk, dessen Gedanken er später nur noch entfaltete. Für Comte bestand die Funktion der Soziologie darin, Anleitung zur Reform in einer Situation politischer Unruhe und Krise der nachrevolutionären europäischen Gesellschaften zu sein. Sein Selbstverständnis der Notwendigkeit und Möglichkeit, mittels einer wissenschaftlichen Sozialtechnik zwischen den Königen und den Völkern, den Industriellen und dem Proletariat zu vermitteln, »das alte System aufzugeben und doch eine regelmäßige und stabile Ordnung zu schaffen«[1], »um den gewaltsamen Unordnungen zuvorzukommen, denen die Gesellschaft beim alleinigen Vorherrschen der reaktionären oder der kritischen Partei ausgesetzt wäre«[2], impliziert das Dilemma aller Modernisierungsversuche zwischen Konservativismus und Realdemokratie. Das Problem, die Entfaltung der Produktivkräfte auf dem Boden des Privateigentums zu sichern, führt bereits Comte zur Suche nach harmonisierenden Institutionen.

Die Betrachtung der Gesellschaft unter dem Aspekt der »Institutionen« bedeutet die Betonung der *Glaubensvorstellungen*, der verfestigten und herrschaftsrelevanten *Interpretationen* der gesellschaftlichen Vorgänge und Erfahrungen der Individuen. Glaubensvorstellungen leiten das gesellschaftlich relevante Handeln und müssen deshalb in Übereinstimmung mit den ökonomischen und politischen Herrschaftseinrichtungen gebracht werden.

Wie kein anderer Soziologe nach ihm hat Comte die Voraussetzung und die Erfahrungsstrukturen eines integrierten Bewußtseins offen vom Aspekt der Disziplin her analysiert. Allerdings hat das Hauptinteresse der positivistischen Soziologie theoretisch wie empirisch stets dem – nunmehr als »wertfrei« aufgefaßten – Problem der Integration und Organisierung des Bewußtseins der Gesellschaftsmitglieder gegolten. Von Anfang an standen Studien zwecks Leistungssteigerung im Betrieb, zur sozialen Kontrolle in Gemeinde und Familie, zur Kalkulierbarkeit des Wahl- und Konsumverhaltens im Mittelpunkt der soziologischen Arbeit.

Comte, in seinen Jugendjahren Sekretär Saint-Simons, versteht die »sozialen Hauptschwierigkeiten« der bürgerlichen Gesellschaft nicht, wie wenige Zeit später dessen Schüler Bazard und Enfantin[3], als Folge der Anarchie der Warenproduktion, sondern als die Auswirkung mangelnder Anpassung und Stabilisierung der »Meinungen und Sitten« der Gesellschaftsmitglieder. Die Überwindung der Krisen der bürgerlichen Gesellschaft hängt von der Herstellung von moralischer *Autorität* ab, davon, ob es gelingt, den Einfluß des »kritischen Systems« im Bewußtsein der Massen zu neutralisieren. Vor allen Veränderungen der politischen Strukturen muß deshalb ein allgemeines Gedankensystem gebildet werden, welches »zur Führung der Gesellschaft geeignet« ist.

Comtes Interesse am Bewußtsein der Massen steht in der politischen Tradition Frankreichs, deren progressive, aufklärerische Intentionen er technokratisch wendet. In Frankreich ist die Frage der Aufklärung, der öffentlichen politischen Erziehung der Massen, zentrales Thema der politischen Theorie; die bürgerlich-revolutionäre Organisation der Staatsgewalt beruft sich auf das Prinzip der Vernunft als Konstruktionsprinzip einer moralischen Gesellschaft, nicht aber, wie im angelsächsischen Raum, auf die naturwüchsige Entwicklung zur Freiheit durch die Emanzipation der Warenproduktion von feudalen Fesseln. Im bürgerlich-revolutionären Frankreich geht es darum, die von den Philosophen erkannte Wahrheit des Naturrechts durch Überzeugung der vernunftbegabten Menschen und durch politische Aktion im staatlichen Rahmen zu positiver Geltung zu bringen. Die Naturordnung der Gesellschaft wird allein durch politische Einrichtungen – gleichsam künstlich – verwirklicht[4]. Die modernen rationalistisch-sozial-technischen Entwürfe – der progressiven Kritiker Saint-Simon, Bazard, Enfantin, Fourier wie der Konservativen de Bonald, de Maistre und in ihrer Tradition Comte – entstehen daher in Frankreich und stehen in prinzipiellem Gegensatz zur angelsächsischen liberalen Naturrechtskonstruktion.

Das liberale Modell einer selbstregulativen und herrschaftsfreien gesellschaftlichen Organisation, die sich über die ökonomischen, egoistischen Interessen der konkurrierenden Bürger naturwüchsig realisiert, hat im industriell im Vergleich zum angelsächsischen Raum unterentwickelten Frankreich keine ökonomische Basis und keine politische Tradition. Aufgrund seines tiefen Mißtrauens gegenüber der selbstregulativen Kraft der bürgerlichen Gesellschaft überspringt Comte das emanzipatorische Selbstverständnis des Konkurrenzkapitalismus. Gesellschaftliches Handeln kann sich, soll Ordnung und Stabilität hergestellt werden, nicht auf der Ebene permanenter Legitimation und Überzeugung abspielen, sondern nur auf jener der *Konsensbildung*, deren relevante Variablen von der herrschenden Elite und ihren Sozialtechnikern gewußt und verwaltet werden. Im freien Aushandeln von Kompromissen sieht Comte keine stabilisierenden Möglichkeiten, vor allem keinen ausreichenden Schutz gegen egalitäre Ideen. Insbesondere sehe sich nämlich das Proletariat gezwungen, »auf die Rousseausche Idee der Gleichheit zurückzugreifen, die ihre (altruistischen, D. P.) Gefühle degradiert, indem sie einen Widerstand gegen jede geistige Erhabenheit, die Verachtung aller Autorität schürt«[5]. Seine Kritik an der parlamentarischen Demokratie als Steuerungsmechanismus der bürgerlichen Gesellschaft wird ausschließlich vom Interesse an der Möglichkeit der Loyalitätsbindung, der Identifikation der Gesellschaftsmitglieder mit dem Ganzen geleitet.

Nicht Vernunft, sondern technische Rationalität, die im Rahmen beobachteter, gegebener Bedingungen (zentrale Bestimmungen sind hier bei Comte Privateigentum, Familie und Klassenteilung) die Funktionstüchtigkeit des gesellschaftlichen Systems durch sachlich adäquate, pragmatische Entscheidungen garantieren soll, wird Comte zur Maxime gesellschaftlichen Handelns überhaupt. Der »organisatorische Standpunkt« effektiven sozialtechnischen Handelns reduziert das politische und gesellschaftswissenschaftliche Interesse von vornherein auf die Mechanismen und Variablen eines integrierten »Bewußtseins«, also bloßer Attitüdenbildung, da nach Comte ohnehin »die Mehrzahl der Gedanken, welche von der Allgemeinheit angenommen werden sollen, von dieser nur aufgrund eines Glaubens oder Vertrauens und nicht aufgrund eines Beweises gutgeheißen werden können«[6]. Daher erscheint das *»kritische System«* für die Organisation des neuen sozialen Systems denk-

bar ungeeignet. Die »Metaphysik« (die Philosophie der Aufklärung) ist ebensowenig in der Lage, als Autorität stabilisierend zu wirken wie die »Rechtsgelehrten« von sich aus eine dauerhafte Ordnung begründen können: Die »negativen« Prinzipien der Gewissensfreiheit, der Volkssouveränität, der Kritik betrachtet Comte lediglich als »Kriegsmaschine«[7], zwar nützlich im Kampf gegen den Feudalismus, aber hinderlich bei der »Reorganisation« der bürgerlichen Gesellschaft. Dem »immer und überall revolutionären Prinzip der Wahl des Vorgesetzten durch die Untergebenen« steht er feindlich gegenüber, da es »die politische Gesellschaft umzustürzen droht«[8]. Das Prinzip der »Souveränität des Volkes«, wenn auf die Massen übertragen, würde die »vollständige Zerstörung des politischen Körpers« bewirken und würde dazu führen, »daß die Macht im Staate seinen wenigst kultivierten Klassen übergeben wird«[9]. Die darin implizierte permanente Legitimation lehnt er, als das Prinzip der »Beredsamkeit«, ab[10].
Stattdessen folgte Comte den Theoretikern der französischen Gegenrevolution, de Bonald und de Maistre, in deren Theorie sich das bürgerliche Selbstverständnis, das die philosophische Kritik als den eigentlichen Motor der gesellschaftlichen Entwicklung ansieht, auf eine sozialtechnische Fragestellung verkürzt, die im Interesse der feudalen Herrschaft in Religion, Vorurteil, Aberglauben und Tradition die Garantie der Aufrechterhaltung staatlicher Autorität sieht. In ihrer Nachfolge leistet Comte die – dem nachrevolutionären Bürgertum adäquate – Säkularisierung der auf feudale Institutionen (Kirche und Monarchie) eingeschworenen gegenrevolutionären Theorie. Comte folgt de Maistre in der Analyse der Stabilitätsbedingungen des feudalen Systems. Als die wesentliche Errungenschaft der mittelalterlichen Epoche gilt ihm die Herausbildung des hierarchisch organisierten Klerus, also der machtvoll institutionalisierten geistlichen Gewalt neben der politisch-weltlichen[11]. In der »fundamentalen Trennung zwischen geistlicher und weltlicher Gewalt«[12] sieht Comte die institutionelle Voraussetzung, durch Interessenausgleich Ordnung und Fortschritt zugleich zu sichern. Nur als *neutrale*, scheinbar überparteiliche, jedenfalls manifest politisch von den gesellschaftlichen Klassen unabhängige Gewalt kann die hierarchisch verwaltete Moral zum universal anerkannten gesellschaftlichen Wertsystem werden und im Gesamtinteresse der Gesellschaft (d. h. dem der

Systemerhaltung) »mäßigend« *auf alle Klassen* einwirken. Wie dies in diesem Sinne vorbildlich im Rahmen des Katholizismus geleistet wurde, beschreibt Comte in seinem späteren »Cours de philosophie positive«: ». . . die katholische Macht hatte spontan eine soziale Haltung angenommen, die ebensoweit entfernt war von den sinnlosen politischen Prätentionen der griechischen Philosophie wie von dem entwürdigenden Servilismus des theokratischen Geistes, indem sie kraft ihrer geheiligten Autorität den unverbrüchlichen Gehorsam gegen alle eingesetzten Regierungen vorschrieb, während sie diese selbst nicht weniger zwingend immer mehr an die strengen Grundsätze der universellen Moral band, deren wirksame Erhaltung ihr besonders zukommen mußte.«[13]
Das – auf der Ebene der Institutionen, der Glaubenvorstellungen – entscheidende Herrschaftsmittel der konsolidierten bürgerlichen Gesellschaft findet Comte in der naturwissenschaftlich, technisch »sachgerecht« begründeten Legitimation. Allein die Naturwissenschaften (für Comte sind dies vor allem Astronomie, Physik, Chemie, Physiologie) besitzen die notwendige »moralische Gewalt«, um die Loyalität der Massen zu binden: »Vergeblich würden die tatsächlich kompetenten Kapazitäten die richtige organische Lehre ausbilden, welche die gegenwärtige Krisis beenden soll, wenn sie gemäß ihrer bisherigen Situation keine Macht besäßen, ihre Autorität zur Geltung zu bringen. Ohne diese Voraussetzung bliebe ihre Arbeit der willkürlichen und eitlen Kontrolle einer bloßen Stimmungspolitik unterworfen und würde niemals zur allgemeinen Annahme gelangen. Wirft man nun einen Blick auf die Gesellschaft, so erkennt man alsbald, daß ein solcher geistiger Einfluß gegenwärtig ausschließlich seitens der Gelehrten vorhanden ist. Sie allein üben in bezug auf die Theorie eine nicht beanstandete Autorität aus. Somit sind sie, abgesehen davon, daß sie allein die Fähigkeit zur Bildung der neuen organischen Lehre besitzen, auch ausschließlich im Besitze der nötigen moralischen Gewalt, um sie durchzuführen. Die Hindernisse, welche dieser moralischen Souveränität durch das kritische Vorurteil entgegenstehen, welches als ein angeborenes Recht jedes einzelnen Menschen betrachtet wird, wäre für alle anderen unüberwindlich, sind es aber nicht für sie. Denn die Gesellschaft hat allmählich seit der Begründung der positiven Wissenschaften die Gewohnheit angenommen, sich der Entscheidung der Forscher

bezüglich aller speziellen theoretischen Ideen zu unterwerfen.«[14] Aber nicht nur weil die Massen die Naturwissenschaften mit Ehrfurcht respektieren, gelangt Comte zu der Idee, daß naturwissenschaftlich-technisches Denken die säkularisierte Form einer quasi-religiösen »neutralen geistigen Gewalt« sein könne. Die bedeutsame – der Funktion der Religion im mittelalterlichen System vergleichbare – Herrschaftschance besteht für Comte im *Erkenntnismodus* der Beobachtungswissenschaften. Wenn es *auf die Beziehungen der Menschen untereinander*, auf die *gesellschaftlichen Verhältnisse* angewandt, wenn es erst einmal in der Organisation der Erfahrungen der Massen praktisch wird, führt naturwissenschaftliches Denken zur freiwilligen Disziplin, zur Unterordnung der Phantasie unter die »Natur der Dinge«. Comte erklärt dies plastisch am Beispiel der »positiv« (d. h. naturwissenschaftlich) gewordenen Wissenschaft der Politik: »Zunächst muß man, um die Wissenschaft der Politik positiv zu machen, hier wie in den anderen Wissenschaften, das Vorwiegen der Beobachtung über die Phantasie durchführen. Zweitens muß man, damit diese Grundbedingung erfüllt wird, die soziale Organisation einerseits als eng verbunden mit dem Kulturzustand (d. h. dem Stand des akkumulierten Wissens, D. P.) und als durch ihn bestimmt ansehen, andererseits muß man den Gang der Kultur als einem unveränderlichen Gesetz unterworfen betrachten, welches auf der Natur der Dinge beruht. Die Politik kann nicht positiv werden oder was auf dasselbe hinauskommt, die Beobachtung kann in ihr nicht die Phantasie überwinden, solange diese beiden Bedingungen nicht erfüllt werden. Aber es ist andererseits klar, daß, wenn sie erfüllt werden und die Theorie der Politik durchaus in solchem Geiste geschaffen wird, die Phantasie sich vermöge der Tatsache selbst der Beobachtung unterordnen wird, wodurch denn die Politik positiv wird.«[15]
Von der *ausschließlichen Institutionalisierung* naturwissenschaftlichen Denkens verspricht sich Comte das Außerkraftsetzen der parteilichen, klassenspezifischen Betrachtung der Realität. Das gilt bei Comte für alle Klassen, und zwar in dem Sinne, daß das Proletariat lernt, seine Arbeits- und Lebenssituation als ebenso notwendig zu begreifen wie der Industrielle seine funktionsadäquat besser dotierte Tätigkeit als Dienst am Ganzen zu verstehen hat. Als allgemeine Norm geltend, gewährleistet die naturwissenschaftliche Betrachtung

der gesellschaftlichen Realität eine Einschränkung der »eigensüchtigen Triebe«, eine Stärkung des »Sozialgefühls«, Vertrauen in die Führung[16], die die Variablen der gesellschaftlichen Entwicklung kennt und technisch beherrscht, schließlich Resignation angesichts der Naturgesetzlichkeit und Naturnotwendigkeit der gesellschaftlichen Enwicklung. »Innerhalb der Astronomie, der Physik, der Chemie, der Physiologie gibt es keine Freiheit des Gewissens. Denn jeder würde es absurd finden, nicht an die Prinzipien zu glauben, welche in diesen Wissenschaften durch kompetente Männer aufgestellt worden sind.«[17] So wie es die Herrschenden zur rationalen Kalkulation ihrer Maßnahmen zwingt, so die Beherrschten zur Anerkennung ihrer Lebensverhältnisse, zur Bescheidenheit und zum hoffnungsvollen Vertrauen in den von den Eliten organisierten Fortschritt.

2. Erkenntnismodus disziplinierten Bewußtseins: nützlich, genau, relativ, tatsächlich, gewiß

Der politisch-strukturellen Konzeption der Technokratie entspricht die erkenntnistheoretische: Der Ausklammerung – im Interesse der »Organisation« – der bürgerlich-revolutionären Errungenschaften, der Dimension von Gerechtigkeit, Vernunft und Glück als der einzig legitimen Rechtfertigung gesellschaftlicher Ordnung, korrespondiert die konservative Umdeutung des kämpferischen und revolutionären Positivismus der Aufklärung. Dieser hatte unter Berufung auf die rationale Veränderbarkeit der gesellschaftlichen Verhältnisse die sinnliche Wahrnehmung, die »Tatsachen«, als Mittel der Wahrheitsfindung gegen die metaphysische Begründung des feudalen Systems und die Religion gebraucht[18]. Der organisatorische Standpunkt der »positiven Philosophie« Comtes reduziert dagegen positive Erkenntnis auf die *ausschließliche* klassifikatorische Beobachtung von Fakten, Wissenschaft auf formalisierte Methodologie: Als »positiv« erscheint nun – entsprechend dem damaligen Sprachgebrauch des Positiven als des »Unanfechtbaren« – 1. das *Nützliche* im Gegensatz zum Müßigen; 2. das *Genaue* im Gegensatz zum Ungewissen; 3. das *Relative* im Gegensatz zum Eingebildeten und 5. das *Gewisse* im Gegensatz zum Unentschiedenen[19]. Von der Instrumentalisierung der positiven Philosophie auf ordnungsstiftenden Nutzen her muß diese Ausdeutung als *Beschreibung der Erfahrungsdimensionen einer über das Bewußtsein ablaufenden Disziplinierung*, als seinen Intentionen nach »praktischer Positivismus«[20] verstanden werden.

Das »Nützliche«: Positive Wissenschaft und praktischer Positivismus sind vom technokratisch-organisatorischen Interesse her auf Nützlichkeit festgelegt. Was Comte sich praktisch darunter vorstellt, läßt sich anhand der »positiven« Kulturproduktion konkretisieren. Comte möchte dem künstlerischen Subjekt alle Freiheit gestatten – außer jener der Reflexion über die »Notwendigkeit und Zweckmäßigkeit« des bestehenden Gesellschaftssystems[21]. Der Zweck der positiven Kulturproduktion ist nicht die »Erfindung des einzuführenden Systems, sondern die *Annahme* desselben, nachdem es durch die positive Politik bestimmt worden war. Ist die Phantasie auf diese Weise in Gang gebracht, so muß sie weiterhin sich vollständig überlassen bleiben. Je mehr ihre Betätigung frei und offen sein wird, um so vollständiger und segensreicher wird die unentbehrliche Wirkung sein, welche sie auszuführen hat.«[22] Ihr fällt also die Aufgabe zu, die Massen, die der scheinbar unabänderlichen Entwicklung des gesellschaftlichen Zwangs nicht folgen mögen, für die angeblichen Naturgesetze zu begeistern. Die Produktion von Kunst ist in den technokratischen Strukturzusammenhang eingebettet: Die Gesellschaftsforscher erstellen kraft Beobachtung [23] den Plan der gesetzmäßigen Gesellschaftsentwicklung, die Künstler adaptieren das Bewußtsein der Gesellschaftsmitglieder an die derart realitätsgerechten Pläne, und die Industriellen richten die notwendigen praktischen Mittel her, um sozialen Wandel wirksam durchzusetzen. »So werden bei dieser riesigen Unternehmung alle positiven Kräfte zusammenwirken.«[24] Der Einbildungskraft wird alle *formale* Freiheit gestattet – doch ist sie strukturell auf integrative Funktionen beschränkt[25]. Die auf Reflexionslosigkeit vereidigte Kulturproduktion erhält die Restfunktion, die desintegrativen und resignativen Folgen,die derart ordnungsstiftende Intitutionen im allgemeinen zu bewirken pflegen, zu verhindern; die Individuen aus der Apathie herauszureißen und der Gesellschaft jene »Lebendigkeit« zu ermöglichen, »die in einem sozialen Zustande dauernd werden muß, welcher«, wie Comte dann bemerkt, »alle Begabungen des Menschen in beständiger Tätigkeit halten« – also nicht: zur Theorie und Praxis weiterentwikkeln wird[26].

Das »Genaue«, das »Relative«: Den als nützlich definierten sozialen Leistungen entspricht auf der Ebene der Wissenschaft die Festlegung der Einbildungskraft auf Ordnung und Klassifikation. Allein ein Bewußtsein, das auf die klassifikatorische Genauigkeit der Kategorien achtet, ist im Sinne der technischen Verwertbarkeit von Wissen nützlich[27].

Die Festlegung der Einbildungskraft auf die Ordnung (d. h. Klassifikation) der Phänomene ergibt die Comtesche Einteilung der Soziologie in einen Bereich, in welchem Ordnung aufgrund von Ähnlichkeit der vorgefundenen Phänomene stattfindet; die »soziale Statik« ist die Wissenschaft, in der die konstanten, invarianten Phänomene, analog zum Vorgehen der Biologie, in »Familien«, »Arten«, etc. klassifiziert werden: »Die Klassifikation kennen, heißt dann, die Wissenschaft kennen, wenigstens in ihrem wichtigsten Teil.«[28] Der zweite gesellschaftswissenschaftliche Bereich ist der, in welchem Ordnung aufgrund von Kausalverkettung stattfindet; die »soziale Dynamik« ist die Wissenschaft, die die Gesetzmäßigkeiten des sozialen Fortschritts konstatiert und die »Naturgesetze« der Kulturentwicklung »ins Licht setzt«[29].

Während die soziale Statik mittels abstrakter Kategorienschemata die gesellschaftlichen Invarianten zu erfassen sucht[30], zeichnet die soziale Dynamik die als naturwüchsig und naturgesetzlich vorgestellten Abläufe des praktischen Lebens der Menschen in der Geschichte nach. Die prinzipielle Unsinnigkeit dieser Trennung soll in diesem Zusammenhang weniger interessieren als das darin implizierte konservative Interesse[31]. Der Bereich der »sozialen Dynamik« dient der *Legitimation der im positiven Denken vollzogenen Reduktion der Einbildungskraft auf formale Klassifikation*, also der in der »sozialen Statik« festgelegten Methode. Die soziale Dynamik, die die Geschichte sich als Akkumulation von Wissen analog zum Entwicklungsprozeß der Naturwissenschaften vorstellt, interpretiert die Entwicklung der Geschichte als Entwicklung des Wissens vom theologischen über das metaphysische zum positiven Stadium hin. Indem sie die gesellschaftliche Geschichte als Fortschritt, als Evolution zum »positiven« (d. h. technischen, beobachtenden, gliedernden, »genauen«) Erkenntnismodus hin interpretiert, ist die »soziale Dynamik« zugleich Ideologie[32], projiziert sie das eigene klassifikatorische (»genaue«) Bewußtsein auf den realen historischen Prozeß, wobei sie an der realen Entwicklung der Gesellschaften vom agrarischen zum industriellen Zustand, am wissenschaftlich-technischen Fortschritt ansetzen kann. Eine Evolution vom theologischen zum metaphysischen und schließlich zum positiven Stadium zu konstatieren, ist empirisch nicht prinzipiell falsch, ebensowenig wie die späteren Dichotomien Spencers, Durkheims, Tönnies' oder Parsons' es sind, doch bleiben sie angesichts der Abstraktheit des Verfahrens willkürlich und deskriptiv. Sie dienen mehr der ideologischen Rechtfertigung der erreichten Technokratie (oder bei Tönnies umgekehrt deren wehmütiger Kritik). der ideologischen Bestätigung klassifikatorisch beschränkter Phantasie, als daß sie sich mit dem realen Geschichtsverlauf auseinandersetzen.

Da Comte Geschichte als gesetzmäßig sich vollziehenden Fortschritt des Wissens ansieht – und von daher die bürgerliche Revolution als letztes notwendiges Zerfallsprodukt des mit dem Fortschreiten des menschlichen Wissens unvereinbaren theologisch-militärischen Systems betrachtet –, gelangt er auf der Basis des Dreistadiengesetzes zu einer *wissenssoziologischen Relativierung* der in der Theorie auch der bürgerlichen Revolution artikulierten Ansprüche[33]. Unvermeidlich ist alle Erkenntnis und Wahrheit einseitig, unvollständig in bezug auf das erreichte, fortschreitende Wissensniveau und daher stets relativ. Die politisch-kritische Bewegung, die durch die Ablenkung der Probleme auf den instiutionellen Bereich ohnehin schon als »philosophische Bewegung«, als »Wertsystem«, als »persönliche Vernunft«[34] relativiert ist, wird nun auf die ehernen Gesetze des Fortschritts verwiesen, die willentlich nicht zu ändern sind, ist doch der »gegenwärtige Zustand stets ... ein notwendiges Resultat der gesamten vorangehenden Entwicklung«[35]. Hierdurch, so antizipiert Comte den Effekt der Legitimationsideologie, »werden sogleich alle bloß kritischen Tendenzen beseitigt, die mit einer gesunden historischen Auffassung unvereinbar sind«[36].

Das »Tatsächliche«, das »Gewisse«: Die Forderung nach klassifikatorischer Ordnung der Phänomene und nach dem Erfassen der gesetzmäßigen Bewegung der Realität, wie Comte sie in seiner Definition des »Genauen«[37] erhebt, stellt zwar im Comteschen System eine rein formale Abstraktion dar[38]; Formalisierung und Klassifikation sind generell Mittel der Erkenntnis und der Emanzipation des Subjekts[39]. Die positive Denkstruktur legt jedoch fest, daß Erkenntnis sich *ausschließlich auf Beobachtung* als Maßstab zu beschränken habe[40]. Bereits die Zulassung einer klassifikatorisch eingeschränkten Einbildungskraft ist eigentlich ein – gegen den reinen Empirismus gerichteter[41] – Verstoß gegen die eigenen methodologischen Prämissen der positiven Philosophie.

In der Dichotomie von *Tatsächlichem* und »Eingebildetem« ist die strukturelle methodische Beschränkung der Erkenntnis (um der Intersubjektivität willen) impliziert. Der positivistisch reduzierten Organisation von Erfahrung geht es darum, »müßige Spekulation« durch die Grundregel zu eliminieren, daß die Dinge sich vor der sinnlichen Erfahrung als unbezweifelbar ausweisen müssen, alle anderen Erkenntnisse als die durch unmittelbare Beobachtung gewonnenen also auszuschließen seien. *Gewiß* im Gegensatz zu »unentschieden« wird Erfahrung durch Intersubjektivität; diese wird garantiert durch systematische Beobachtung (sinnliche Gewißheit) und durch obligatorisch einheitliches Verfahren (methodische Gewißheit). Gegenüber der Frage nach der »Dignität der zu untersuchenden Gegenstände«[42] ist diese Denkstruktur kraft eigener »strenger« Regel immunisiert: denn aus dem – ausschließlich als relevant zugelassenen – Tatbestand der Spiegelung der klassifikatorisch erfaßten »Tatsachen« im ansonsten rezeptiven und passiven Bewußtsein lassen sich keine »Wertungen« der gespiegelten Phänomene herleiten: »Bewunderung und Tadel der Phänomene müssen mit gleicher Strenge aus jeder positiven Wissenschaft verdammt sein, weil jedes derartige Vorurteil den unmittelbaren und unvermeidlichen Effekt hat, die Prüfung zu verhindern oder ihr Ergebnis zu verfälschen. Die Astronomen, die Physiker, die Chemiker und die Physiologen stehen ihren Tatsachen weder anerkennend noch tadelnd gegenüber, sie beobachten sie, wie reiche Gelegenheit diese Tatsachen auch für Betrachtungen jeder Art darbieten möchten, wie viele Beispiele zeigen. Die Forscher überlassen derartige Effekte den Künstlern, in deren Gebiet sie ja auch tatsächlich fallen.«[43]

Im folgenden geht es nun nicht um eine allgemeine Weiterführung des Positivismusstreits[44], sondern um den Aspekt der Realisierung des positiven Erfahrungsmodus' im Alltagsbe-

wußtsein, also um die Erarbeitung der Erfahrungsdimensionen eines disziplinierten Bewußtseins.
Die psychisch in aller Freiwilligkeit und Freiheit disziplinierenden Folgen der positivistisch verkürzten Erfahrung sieht Comte darin, daß jene die Massen dazu veranlaßt, »mit Resignation sich einem unvermeidlichen Gesetz zu unterwerfen«[45]: »Ist es aber in jedem Falle nicht einleuchtend«, schreibt Comte, »daß die Menschen, welche bisher sich haben verleiten lassen, sich tatsächlich dem Gang der Kultur entgegenzustemmen, dieses nicht versucht hätten, wenn der Gegensatz ihnen zuverlässig bewiesen worden wäre? Niemand ist so unvernünftig, sich wissentlich gegen die Natur der Dinge empören zu wollen. Niemand würde sich entschließen, eine Handlung zu verrichten, von der er mit Klarheit voraussieht, daß sie vergeblich ist. Somit sind die Beweise der wissenschaftlichen Politik fähig, auf Klassen einzuwirken, welche sonst vermöge ihrer Vorurteile und Interessen geneigt wären, sich gegen den Gang der Kultur zu empören.«[46] Obwohl Comte Resignation als subjektives Gefühl bezeichnet, stellt die Erfahrungsstruktur des praktischen Positivismus doch ein objektives Phänomen, unabhängig von den Gefühlen ihrer Träger, dar. Resignatives Bewußtsein im Sinne des praktischen Positivismus besteht empirisch also auch bei subjektiv äußerst optimistischen Gefühlszuständen. Die Erfahrungsdimensionen eines »modernen«, zwanglos disziplinierten Bewußtseins implizieren objektiv:

1. den Ausschluß grundlegender Reflexion über das bestehende System (nützlich),

2. ein Verarbeiten der Realität nach ausschließlich klassifikatorischen Gesichtspunkten, ansetzend vor allem an den in der Realität vorkommenden Invarianten, also ein Ausschließen der »Dignität« der Dinge (genau),

3. eine Betrachtungsweise der Realität als gesetzmäßig, außerhalb der persönlichen Einflußmöglichkeit ablaufender, also eine gegenüber moralischer Wertung immunisierte Betrachtungsweise (relativ),

4. eine Sicht der Realität, die alle Fragen, die sich nicht ausschließlich aufgrund der unmittelbaren Beobachtung als unbezweifelbar erweisen lassen, als »Spekulation« der Skepsis überantwortet (tatsächlich),

5. eine Sicht schließlich, die streng systematisch und einheitlich vorgeht (bzw. gesellschaftlichen Instanzen, die Systematik und streng obligatorisches Verfahren zelebrieren und ritualisieren und damit formale Überparteilichkeit herstellen, als Vertretern der »objektiven Wahrheit« Legitimität einzuräumen bereit ist) (gewiß).

Resignation liegt objektiv in der im positiven Erkenntnismodus implizierten *Projektion*. Die positive Denkstruktur verhält sich gegenüber den realen gesellschaftlichen Phänomenen projektiv, denn sie prägt jenen der Intersubjektivität (und damit der Verwertbarkeit) wegen das Invarianzpostulat auf, als sei die aufgeprägte klassifikatorische Ordnung deren reale Struktur; sie entnimmt der gesellschaftlichen Realität lediglich die invarianten Phänomene, so als seien zum Beispiel Gesellschaften mit ihrer Klassifikation im Rahmen einer Modernisierungsskala, Gruppen mit der abstrakten Definition etwa als Jugendkultur, Individuen mit ihren Statuskategorien (Schicht, Einkommen, Alter, etc.) identisch. Sie muß, um der Intersubjektivität, der Sicherheit und klassifikatorischen Genauigkeit willen, die Naturphänomene – also auch die gesellschaftlichen, die sie als Teil von Natur begreift – unter dem Aspekt ihrer Invarianz betrachten, sich also auf die Beobachtung der invarianten, gesetzmäßig wiederkehrenden Dinge *beschränken*. Die »regelmäßigen« gesellschaftlichen Phänomene sind jedoch invariant, verhalten sich gesetzesartig aufgrund der Strukturierung der gesellschaftlichen Realität durch den Tauschzusammenhang. Die positive Denkstruktur ist deshalb normativ blind gegenüber dem Zwang – ökonomisch wie psychisch –, über welchen sich die gesellschaftlichen Gesetzmäßigkeiten durch die Individuen hindurch reproduzieren. Die historisch wie individuell unterdrückte Vorstellungskraft und Spontaneität wehrt sie ab, indem sie mittels gesetzter Beschwörungsformeln sich gleichsam mimetisch an die übermächtige, unbezweifelbare Faktizität anpaßt. Der Positivismus, dessen Begriffe und Regeln einst Kampfbegriffe, Mittel einer inhaltlichen Auseinandersetzung mit Ideologie, Aberglauben, Metaphysik und Religion, Mittel eines dialektischen Erarbeitungsprozesses waren, verselbständigt sich nunmehr, ohne realen historischen Gegner, zur immunisierenden Strategie.

3. Spätkapitalismus: materielle Grundlagen des praktischen Positivismus

Praktischer Positivismus als zwanglos disziplinierende Institution hat politisch-ökonomische Realisierungschancen erst seit der Phase der Stabilisierung des Monopolkapitalismus (etwa seit 1940–45). Erst im Spätkapitalismus entstehen – je nach Arbeit, Freizeit, Schichtlage und Konsum in unterschiedlichem Ausmaß[47] – die materiellen Voraussetzungen für die »freiwillige« Tendenz zu einer im Comteschen Sinne »nützlichen«, »genauen«, »relativen«, »tatsächlichen« und »gewissen«, die besonderen, spontanen Bedürfnisse und Interessen unterdrükkenden Erfahrungsweise der gesellschaftlichen Realität.
Praktisch konnte der Positivismus vorher, im sich entwickelnden Konkurrenzkapitalismus, nicht werden; angesichts der Krisen, des materiellen Elends und der Aufstände der Arbeiterschaft konnten sich »harmonisierende« Institutionen im Comteschen Sinne nicht entfalten. Der Wissenschaftler der geordneten Gesellschaft konnte nicht angeben, über welche gesellschaftliche Vermittlung die Subjekte zu einem »positiven« Bewußtsein gelangen sollten[48]. Die Realität des Konkurrenzkapitalismus trieb die »organische Doktrin« in die Konzeption einer terroristischen Erziehungsdiktatur: Der funktionsunfähige bürgerlich-parlamentarische Rechtsstaat soll sukzessiv durch die diktatorische Staatsorganisation ersetzt werden. Die politische Macht wird durch die Auflösung der Legislative, durch Eingliederung der rechtsprechenden Gewalt, in der staatlichen Exekutive konzentriert. Die Staatsorganisation selbst repräsentiert unmittelbar die sozialen Machtverhältnisse. Ziel der positiven Transformation ist die Übergabe der Regierung an die Industriellen und Bankiers[49]. Neben der Organisation der Staatsgewalt steht die »positive Priesterschaft«, die die allgemeine Verbreitung und Anerkennung der positiven Lehre kontrolliert. Zentraler moralischer Wert ist der Altruismus. Dem Proletariat ist die Einsicht zu vermitteln, »daß das wahre menschliche Glück über allem in einer würdigen Ausübung aufopfernder Gefühle besteht«[50].
Auch im Spätkapitalismus ist die *Drohung* materiellen Elends, die Notwendigkeit der Absicherung der materiellen Existenz und der Erhaltung der Arbeitsfähigkeit, die Drohung von Arbeitslosigkeit für die Massen stets noch präsent; dennoch haben

harmonisierende Institutionen eine Entfaltungschance angesichts des nun gegebenen Beschäftigungsgrades und des erhöhten Lohnniveaus, denn diese garantieren auch eine gewisse, relative Entfaltung von Lebenschancen über materielle Gratifikation im Konsum. Die Möglichkeiten des gestiegenen Realeinkommens bieten nun auch der lohnabhängigen Mehrheit der Bevölkerung in der arbeitsfreien Zeit eine gewisse, formale Freiheit, ihre Sinne zu gebrauchen und zu entfalten, ihr »Bewußtsein zu erweitern«: die Chance z. B. räumlicher Mobilität (Motorisierung), freier Zeit, die Chance von Amusement und Erkenntnis (Massenmedien), politischer Partizipation, etc. Jedoch wird im Spätkapitalismus diese *mögliche* Freiheit im Rahmen monopolistischer bzw. oligopolistischer Märkte wieder zurückgenommen. Die Art und Weise, wie die Individuen ihre Umwelt verarbeiten, die Glaubensvorstellungen und auch deren verfestigte Formen, die »Institutionen«, erfahren gegenüber dem Konkurrenzkapitalismus entscheidende Veränderungen.

Unter monopolistischen Bedingungen ist die Möglichkeit einer vernünftigen, bedürfnisorientierten Verarbeitung von Erfahrung zumindest reduziert. Der Konkurrenzkapitalist mußte sich noch bei Strafe des Untergangs spezifisch um die besonderen, konkreten Gebrauchsansprüche seiner Abnehmer bemühen. Dagegen ist der Monopolist, der nicht nur den Markt kontrolliert, sondern auch über die entsprechend effektiven Mittel der bürokratischen Kontrolle, der Markt- und Meinungsforschung, Verteilerapparate, etc. verfügt, in der Lage, seine Produkte schon in der Produktion auf universale Tauschbarkeit hin zu gestalten. Unter monopolistischen Bedingungen ist es möglich, die Nachfrage zu stabilisieren und kalkulierbar zu halten. Im Monopol gewinnt jener Sektor an Bedeutung, in dem nicht unmittelbar über Geld getauscht wird, sondern über die Inszenierung von »Kommunikation« zwecks Stabilisierung und Kalkulierbarkeit des Konsumentenverhaltens die allgemeine Bereitschaft zum Konsum, »Empatie«, hergestellt wird: Kulturindustrie, politische Legitimation, Werbung. Hier wird die Kalkulierbarkeit der Tauschbeziehungen schon während der Produktion durch den Einbau von »strukturellen Mustern«, »Institutionen«, »Symbolen« *in die produzierten Waren selbst* hergestellt. Derartige strukturelle Muster, die den konkreten Naturalformen stets beigegeben werden, sind z. B. Unterhaltung, Sportlichkeit, allgemeiner: formale Betriebsamkeit[51]. Die institutionellen Muster, die zwecks Absicherung universeller Tauschbarkeit von den Monopolisten in die Waren eingebaut sind, *sind* ein Geld: Sie haben in ihrem abstrakten, formalen, entspezifizierten, quantitativen Charakter[52] nicht nur dieselbe Struktur; sie haben auch *dieselbe materielle Ursache wie das Geld*, denn auch sie sind »eine Abzweigung, genauer eine dingliche Verselbständigung der zum reziproken Aneignungsverhältnis des Austausches wesensmäßig gehörigen Warenform«[53]. In der Kritik der Konsumgesellschaft und der Massenkultur sind diese strukturellen Muster oft als »standardisiert«, »klischeehaft«, »ideologisch verzerrt«, etc. benannt worden. Dies nennt zwar das formale Moment dieser Muster richtig, bleibt aber moralisierend-hilflos gegenüber den entscheidenden Dimensionen und Ursachen. Nicht eine Verzerrung einer ansonsten als intakt vorgestellten Naturalform findet hier statt, sondern deren *Entspezifikation, Abstraktifikation*, so wie das Geld, das sich an das Gold heftet, jenes nicht verzerrt, sondern es als Träger abstrakter Vorgänge verwendet. Der abstrakteste Nenner, die allgemeinste Form, die diese strukturellen Muster verkörpern, ist die *positivistische Denkform*, eine Erfahrungsstruktur, die nützlich, genau, relativ, tatsächlich, gewiß im Comteschen Sinne ist[54]. Die Wertform der Ware findet – ohne daß es den Tauschenden bewußt wäre – im praktischen Positivismus, wie ihn die in die Waren eingebauten Muster verkörpern, einen *identischen Ausdruck*.

Die Wertgegenständlichkeit der Waren entwickelt ihren isolierten sinnlichen Ausdruck *in den Waren selbst*, was den Gegensatz von Gebrauchswert und Wert verwischt und die besonderen Gebrauchswerte tendenziell eliminiert. »Realisiert sich das Produkt als Wert erst auf dem Markt, konnte derart der Gebrauchswert zur Erscheinungsform seines Gegenteils, des Werts, werden, so muß dessen Abstraktion vom Gebrauchswert nunmehr (im Monopol, D. P.) in dessen Produktion schon realisiert werden. Den Wert als Schein zu durchschauen wird immer schwieriger, wenn seine Realität schon in der Produktion von Gebrauchswerten unmittelbar produziert wird, während im Konkurrenzkapitalismus, in der bürgerlichen Gesellschaft, die Differenz von Produktion und Zirkulation eben die Erkenntnischance dieser Differenz und damit die Möglichkeit, den Produktencharakter der Produkte und den Scheincharak-

ter des sich naturhaft durchsetzenden Werts zu durchschauen, bot.«[55] Damit aber fehlt den konkreten, besonderen Gebrauchsansprüchen, den spezifischen Erfahrungen und Interessen der Individuen – die auch im Spätkapitalismus bestehen und aus konkreten Beobachtungen und Lebensweisen in Familie, Betrieb, Freizeit, etc. stets neu sich bilden – von vornherein eine gesellschaftlich vermittelte Artikulationschance; stattdessen unterliegen sie von vornherein einer *Abstraktion*, die sich – je mehr diese schichtspezifisch auf derartige Konsumgüter angewiesen sind – in den Individuen durchsetzt.
Unter dem Primat des Werts verändert sich, undurchschaubar für die rein empirische Forschung, die Konstitution der Gegenstandswelt insofern, als »die Wertform als die optisch begriffslose Widerspiegelung des gesellschaftlichen Werts in einer nichtidentischen Naturalform die Struktur der Gegenstandswelt im Austauschverhältnis der Waren derart (modifiziert), *daß der Gebrauchswert zur Erscheinungsform seines Gegenteils verkehrt wird*, konkrete Arbeit zum ›Wertspiegel‹ abstrakter Arbeit und die Form individueller Privatarbeit in Arbeit von unmittelbarer gesellschaftlicher Form umgesetzt wird«[56]. Die »übrigbleibende«, abstrakte Natur »beschreibt sich in *reinen, alles Wahrgenommene, qualitativ Sinnliche der Quantifizierung unterwerfenden Begriffen und Prinzipien*«[57]. Die Betrachtung der gesellschaftlichen Realität gleichsam vom »Geldstandpunkt« impliziert ein konstantes, abstraktes, entqualifiziertes Verhältnis zur Realität, eben *praktischen Positivismus*: formalisiertes, klassifikatorisches, entspezifiziertes Denken (bzw. Handeln), in dem die konkret nützlichen Naturalformen wie Arbeit, Spiel, Solidarität, Geselligkeit, Liebe, Lust, Kunst, lediglich – und insofern projektiv[58] – Ansatzpunkte, »Fakten«, eines klassifikatorischen, Regelmäßigkeiten der gesellschaftlichen wie der individuellen Geschichte registrierenden Bewußtseins sind. Tatsächlich sind vom Publikum her im Spätkapitalismus gerade jene Waren absetzbar, in denen aufgrund der von den Monopolisten eingebauten, die Wertform der Ware verkörpernden Institutionen der Unterschied von Gebrauchswert und Tauschwert zugunsten des Tauschwerts (und damit der universellen Absetzbarkeit) verwischt ist[59]. Gerade im Verschwinden der besonderen Gebrauchswerte, der konkret nützlichen Naturalformen in den Waren, haben die Waren für die Massen im Spätkapitalismus ihren Gebrauchs-

wert, der in den disziplinierenden, Leistungsbereitschaft steigernden Funktionen des praktischen Positivismus liegt. Indem die Individuen mit dem Erkenntnismodus des praktischen Positivismus, den sie in den Waren selbst vorgesetzt bekommen, ihre konkreten Erfahrungen, Interessen und Bedürfnisse mehr oder weniger abstrakt verarbeiten, *verdrängen*, finden sie in abstrakter Kommunikation einen Gebrauchswert[60]. Aufgabe einer sich emanzipatorisch verstehenden Gesellschaftswissenschaft ist es, die geschichtlich dem entgegenwirkenden Kräfte zu untersuchen und Strukturen zu entwickeln, die die praktische Auflösung des resignativen Positivismus der vereinzelten Individuen in Gang setzen.

Dieter Prokop

Anmerkungen

Folgende Werke Auguste Comtes werden in den Anmerkungen, entsprechend abgekürzt, zitiert:
Plan – Plan der wissenschaftlichen Arbeiten, die für eine Reform der Gesellschaft notwendig sind (erstmals 1822; Seitenangaben beziehen sich auf die vorliegende Ausgabe)
Cours – Cours de philosophie positive, 6 Bde., Schleicher Frères, Paris 1907–1908 (erstmals 1830–42)
Soziologie – Soziologie, 3 Bde., Gustav Fischer Verlag, Jena 1923 (Bd. IV–VI des Cours)
Rede – Discours sur l'esprit positif/Rede über den Geist des Positivismus (ed. Fetscher), Hamburg 1956 (erstmals 1844)
Système – Système de politique positive, 4 Bde., Paris 1929 (erstmals 1854)

1 Comte, *Plan,* S. 50

2 Comte, *Plan,* S. 49

3 Doctrine Saint-Simonienne, Exposition. Paris 1854, deutsche Ausgabe von G. Salomon-Delatour, Neuwied 1962

4 Wie sich dieser Unterschied noch im nachrevolutionären Frankreich in der Rechtspraxis darstellt, hat Marx anschaulich anhand der Gesetzgebung zum Arbeitstag dargelegt: »Frankreich hinkt langsam hinter England her. Es bedarf der Februarrevolution zur Geburt des Zwölfstundengesetzes, das viel mangelhafter ist als sein englisches Original. Trotzdem macht die französische revolutionäre Methode auch ihre eigentümlichen Vorzüge geltend. Mit *einem* Schlag diktiert sie

allen Ateliers und Fabriken ohne Unterschied *dieselbe Schranke des Arbeitstags*, während die englische Gesetzgebung bald an diesem Punkt, bald an jenem, dem Druck der Verhältnisse widerwillig weicht und auf dem besten Weg ist, einen neuen juristischen Rattenkönig auszubrüten. Andererseits proklamiert das französische Gesetz *prinzipiell*, was in England nur im Namen von Kindern, Unmündigen und Frauenzimmern erkämpft und erst neuerdings als allgemeines Recht beansprucht wird.« (Karl Marx, *Das Kapital*, MEW Bd. 23, S. 317)

5 *Système*, Bd. III. S. 611

6 Comte, *Plan*, S. 42

7 Comte, *Plan*, S. 42f., 44, 47f., 65f.

8 Comte, *Système*, Bd. II, S. 458

9 Comte, *Plan*, S. 44

10 Comte, *Plan*, S. 65

11 Comte, *Plan*, S. 57f.

12 Comte, *Soziologie*, Bd. II, S. 238f.

13 Comte, *Soziologie*, Bd. II, S. 244; vgl. hierzu: Oskar Negt, *Strukturbeziehungen zwischen den Gesellschaftslehren Comtes und Hegels*, Frankfurt 1964, S. 80ff.

14 Comte, *Plan*, S. 68f.

15 Comte, *Plan*, S. 86

16 Natürlich soll die geistige Führung des neuen Systems in der Hand der Wissenschaftler liegen, die über die »Gesetzmäßigkeiten« der gesellschaftlichen Entwicklung einen Konsens finden, die weltliche Gewalt bei den Industriellen. Zur effektiven Führung der Gesellschaft werden keine »Metaphysiker« und Rechtsgelehrten gebraucht, sondern Sozialtechniker: Leute, die über die »Fähigkeit zur Prüfung und der Zusammenordnung« verfügen (Comte, *Plan*, S. 65), die die relevanten Variablen der Bewußtseinsbildung herausfinden, »Männer, deren Beruf es ist, theoretische Kombinationen in methodischer Konsequenz auszuführen, d. h. die Gelehrten, welche sich in den beobachtenden Wissenschaften betätigen« (a.a.O., S. 66).

17 Comte, *Plan*, S. 42f.

18 Herbert Marcuse, *Vernunft und Revolution*, Neuwied 1962, S. 299

19 Comte, *Plan* S. 74ff.; *Rede* S. 85ff.; vgl. auch: Herbert Marcuse, *Vernunft und Revolution*, a.a.O., S. 306ff.; Jürgen Habermas, *Erkenntnis und Interesse*, Frankfurt 1968, S. 97ff.; Herbert Schnädelbach, *Erfahrung, Begründung und Reflexion*, Frankfurt 1971, S. 11ff.

20 Vgl. hierzu Ulrike Prokop, *Soziologie der Olympischen Spiele*, München 1971, S. 9ff. Als Weiterführung dieser Arbeit versteht sich der vorliegende Aufsatz.

21 Comte, *Plan* S. 133

22 Comte, *Plan* S. 114. Kursivsetzung hinzugef.

23 Vgl. in dieser Einleitung S. 18f.

24 Comte, *Plan* S. 114

25 Über den »Nutzen« des positivistischen Studiums für das Proletariat schreibt Comte in seiner »Rede über den Geist des Positivismus«: »Nachdem es (das Proletariat, D. P.) in ihm zunächst die allgemeine Grundlage der ganzen menschlichen Weisheit gesucht hat, wird es in der Folge in ihm wie in den schönen Künsten eine angenehme und zur Gewohnheit gewordene Zerstreuung nach all den Mühen des Tages finden. Da ihm seine unausweichliche soziale Lage eine derartige wissenschaftliche oder ästhetische Zerstreuung weit wertvoller machen muß, wäre es seltsam, wenn die herrschenden Klassen darin im Gegenteil ein Motiv sehen würden, es davon prinzipiell auszuschließen, indem sie ihm die einzige Befriedigung vorenthielten, die unbegrenzt selbst denen zugeteilt werden kann, die klugerweise auf weniger übertragbare Genüsse verzichten müssen. Um eine derartige Ablehnung, die nur zu oft von Egoismus und Unüberlegtheit diktiert wird, zu rechtfertigen, hat man zwar zuweilen eingewandt, daß diese Popularisierung der Theorie dazu führe, die gegenwärtige Unordnung erheblich zu verschlimmern, indem sie die bereits allzu ausgeprägte verhängnisvolle Tendenz zur allgemeinen Aufhebung der Klassenunterschiede verstärke. Aber diese natürliche Befürchtung, der einzig ernsthafte Einwand, der in dieser Hinsicht zu diskutiert werden verdient, geht heute in der Mehrzahl der Fälle, in denen es sich um ehrliche Überzeugung handelt, aus einer irrationalen Verwechslung der zugleich ästhetischen und wissenschaftlichen positivistischen Belehrung mit der jetzt einzig organisierten metaphysisch-literarischen Belehrung hervor. Diese würde in der Tat, nachdem wir bereits erkannt haben, daß sie bei den gebildeten Klassen sozial höchst störend wirkt, weit gefährlicher werden, wenn man sie auf das Proletariat ausdehnte, bei dem sie außer dem Widerwillen gegen materielle Arbeit maßlose Ansprüche entwikkeln würde. Zum Glück ist es im allgemeinen jedoch weniger geneigt, sie zu fordern, als man bereit wäre sie ihm zu gewähren. Was aber die recht aufgefaßten und angemessen geleiteten positivistischen Studien anlangt, so bringen sie keineswegs einen derartigen Einfluß mit sich: da sie sich ihrem Wesen nach mit allen praktischen Arbeiten verbinden und auf sie anwenden (lassen), haben sie im Gegenteil die Tendenz, die Lust an ihnen zu befestigen oder sogar einzuflößen, sei es (nun) indem sie deren gewöhnlichen Charakter veredeln, oder deren schmerzliche Folgen mindern; da sie im übrigen zu einer gesunden Einschätzung der verschiedenen sozialen Lagen und ihrer entsprechenden Notwendigkeiten führt, lassen sie erkennen, daß wirkliches Glück mit jeder denkbaren Lebenslage vereinbar ist, vorausgesetzt, daß sie rechtschaffen ausgefüllt und vernünftig hingenommen wird. Die hieraus hervorgehende allgemeine Philosophie stellt den Menschen oder vielmehr die Menschheit als das erste bekannte Wesen dar, das durch die Gesamtheit der wirklichen Gesetze dazu bestimmt ist, stets so weit

wie möglich und in jeder Hinsicht – geschützt vor jeder eingebildeten Beunruhigung – die Naturordnung zu verbessern; was zu einer erheblichen Verstärkung des lebhaften allgemeinen Gefühls für die Würde des Menschen führt. Zugleich dämpft sie von selbst den allzuüberspannten Hochmut, den es (dieses Gefühl) hervorrufen könnte, indem sie in jeder Hinsicht und mit alltäglicher Evidenz zeigt, wie wir ständig unterhalb des Ziels und des charakterisierten Ideals bleiben müssen, sei es nun im praktischen oder im theoretischen Leben, wo man fast bei jedem Schritte spürt, daß unsere größten Bemühungen immer nur einen geringen Teil der Hauptschwierigkeiten zu überwinden vermögen.« (Comte, *Rede* S. 183ff.)

26 Comte, *Plan* S. 113f.

27 »Dieses große philosophische Resultat fordert übrigens keine andere notwendige Bedingung als die ständige Verpflichtung, all unsere Theorien auf wirklich erreichbare Forschungs(objekte) zu beschränken, indem wir die wirklichen Relationen der Ähnlichkeit oder der (Kausal) Verkettung als solche betrachten, die für uns nur allgemeine Tatsachen darstellen können, deren Zurückführung auf eine möglichst kleine Zahl stets erstrebt werden muß, ohne daß – entsprechend dem Grundcharakter des positiven Geistes – das Geheimnis ihrer Erzeugung jemals irgendwie gelüftet werden könnte. Aber wenn diese wirkliche Konstanz der natürlichen Relationen auch das einzige ist, was wir wahrhaft zu beurteilen vermögen, so genügt sie doch auch vollauf unseren wahrhaften Bedürfnissen der Kontemplation wie der Lenkung.« (Comte, *Rede* S. 47)

28 Comte, *Plan* S. 120

29 Comte, *Plan* S. 107; vgl. auch S. 119f.

30 Vgl. diese Einleitung.

31 Zur prinzipiellen Kritik: Theodor W. Adorno, Über Statik und Dynamik als soziologische Kategorien, *Sociologica II*, Frankfurt 1962, S. 223–240, insbes. S. 232ff.; Oskar Negt, *Strukturbeziehungen zwischen den Gesellschaftslehren Comtes und Hegels*, a.a.O., S. 100f.

32 Die Comte-Rezeption in den herrschenden Kreisen Frankreichs der 1890er Jahre – die der Rezeption Spencers in den USA als Ideologen des »Gilded Age« nicht unähnlich war – ergab sich konsequent aus der in die positive Philosophie eingebauten Legitimationsfunktion: Die positive Philosophie »schien liberalen Geistes zu sein, und die Parteigänger des bürgerlichen Liberalismus beriefen sich auf sie, die nicht bloß den Fortschritt bewies, sondern selber fortschrittlich schien, um alles, was ihnen sei's reaktionär, sei's revolutionär erschien, als unzeitgemäß und obsolet, als Pfaffentrug oder sozialen Wahnwitz zu denunzieren. Die positive Philosophie wurde mitsamt der solcherart verstandenen Soziologie zur Religion der Freidenker, zur wissenschaftlichen Weltanschauung der radikal-sozialistischen Partei (die keineswegs sozialistisch war, sondern von gut bürgerlichen Honoratioren getragen

wurde, deren Radikalismus sich im Antiklerikalismus erschöpfte, dem sie in Logen der Freidenker huldigten). Die Dritte Republik, der Staat dieser Gruppe, setzte Comte vor der Sorbonne ein Denkmal.« (Heinz Maus, Französische Soziologie vor und neben Durkheim, in: Josef Gugler, *Die neuere französische Soziologie*, Neuwied 1961, S. 158) Den Pariser Arbeitern war Comte dagegen, nach einer Notiz von Marx, »als der Prophet des Kaisertums (der persönlichen *Diktatur*) in der Politik, der kapitalistischen Herrschaft in der Ökonomie, der Hierarchie in allen Sphären der menschlichen Tätigkeit, sogar in der Sphäre der Wissenschaft« bekannt. (Karl Marx, *Der Bürgerkrieg in Frankreich*, Berlin 1963 (1971), S. 183)

33 »Wenn man also ... zugibt, daß unsere Theorien stets von den verschiedenen wesentlichen Bedingungen unserer individuellen Existenz abhängen müssen, muß man ebenfalls zugeben, daß sie nicht minder dem genannten sozialen Fortschritt untergeordnet sind, sodaß sie niemals jene absolute Festigkeit erlangen können, die die Metaphysiker behauptet haben.« (Comte, Rede S. 31; vgl. hierzu die Argumentation in: *Plan* S. 53, auch S. 39

34 Comte, *Plan* S. 42

35 Comte, *Rede* S. 119

36 ebenda

37 Vgl. in dieser Einleitung S. 17

38 Zu Begriff und Funktion der Abstraktion vgl. Henri Lefèbvre, *Probleme des Marxismus, heute,* Frankfurt 1971, S. 58ff.

39 Vgl. hierzu Alfred Sohn-Rethel, Zur kritischen Liquidierung des Apriorismus, in: Ders., *Warenform und Denkform*, Frankfurt 1971, S. 27–85, insbes. S. 38ff.

40 »Die spekulative Logik hatte bis dahin darin bestanden, auf eine mehr oder weniger subtile Weise gemäß unklaren Prinzipien, die keinerlei hinlänglichen Beweis zuließen und stets endlose Debatten erregten, zu argumentieren. Sie anerkennt von nun an als *Grundregel*, daß keine Behauptung, die nicht auf die einfache Aussage einer besonderen oder allgemeinen Tatsache zurückführbar ist, einen wirklichen und verständlichen Sinn enthalten kann. Die Prinzipien die sie anwendet, sind selbst nur echte, lediglich allgemeinere und abstraktere Tatsachen, als die, deren Band sie bilden sollen. ... Die reine Einbildungskraft verliert dann unwiderruflich ihre alte geistige Vorherrschaft und ordnet sich notwendig der Beobachtung unter ... nichtsdestoweniger leistet sie auch weiterhin positiven Theorien einen ebenso wesentlichen wie unerschöpflichen Dienst, indem sie die Mittel endgültiger oder provisorischer Verbindung schafft oder vervollkommnet.« (Comte, *Rede* S. 27; vgl. auch *Plan* S. 81ff. und Herbert Schnädelbach, *Erfahrung, Begründung, Reflexion*, a.a.O., S. 13ff.

41 »Seitdem die ständige Unterordnung der Einbildungskraft unter die Beobachtung einstimmig als erste Grundbedingung jeder gesunden

wissenschaftlichen Theorie anerkannt worden ist, hat eine fehlerhafte Interpretation oft dazu geführt,dieses große Denk-Prinzip zu mißbrauchen, um die wirkliche Wissenschaft zu einer Art unfruchtbaren Anhäufung zusammenhangloser Fakten entarten zu lassen, die kein anderes wichtiges Verdienst haben konnte, als das der Genauigkeit im Detail. Es ist also wichtig, recht zu verstehen, daß der echte positive Geist im Grund vom Empirismus ebensoweit entfernt ist wie vom Mystizismus; zwischen diesen beiden gleich verhängnisvollen Abirrungen muß er stets seinen Weg suchen.« (Comte, *Rede* S. 33)

42 Theodor W. Adorno, Soziologie und empirische Forschung, in: Ders. et al., *Der Positivismusstreit in der deutschen Soziologie*, Neuwied 1969, S. 86

43 Comte, *Plan* S. 125f.

44 Theodor W. Adorno et al., *Der Positivismusstreit in der deutschen Soziologie,* a.a.O.

45 Comte, *Plan* S. 102

46 Comte, *Plan* S. 101f.

47 Vgl. Dieter Prokop, Zum Problem von Konsumtion und Fetischcharakter im Bereich der Massenmedien, in: Ders. (Hrsg.), *Massenkommunikationsforschung 2: Konsumtion,* Frankfurt 1973, S. 15ff.

48 Nahm im sich entwickelnden Konkurrenzkapitalismus Comte in den späten 1840er und 50er Jahren zur autoritären, dem Faschismus durchaus gleichenden politischen Organisation Zuflucht, um das Proletariat effektiv zu »harmonisieren«, so bemüht sich im beginnenden Monopolkapitalismus der 1890er Jahre Durkheim mit gewisser Verzweiflung um den Nachweis, daß gerade im bestehenden (bzw. schon in Auflösung begriffenen) Konkurrenzsystem jene ordnungssichernden Institutionen bereits gegeben seien, daß sie nicht normativ vorgegeben werden müßten. Sein Werk über die Arbeitsteilung ist ein Versuch, zu beweisen, daß auch in der Anarchie der kapitalistischen Warenproduktion normative Regelungssysteme der »organischen Solidarität« Ordnung sichern und die Gefahr bannen können, »daß sich die Individuen mit wachsender Intelligenz und entwickelteren Aktionsmöglichkeiten aus ihren Gruppenbindungen lösen könnten«, daß der Mensch sich nicht mehr des »heilsamen Drucks der Gesellschaft« bewußt sein könnte, der »seinen Egoismus eindämmt und ein sittliches Lebewesen aus ihm macht« (Emile Durkheim, *De la division du travail social* (1893), hier zit. nach *The Division of Labor in Society*, New York 1968, S. 401) Wie Comte, der die organische Doktrin mit dem Entwurf einer positiven Religion auf die Spitze treibt, gelangt jedoch auch Durkheim, der sich angesichts der sich entwickelnden Klassenkämpfe der Religion der Primitiven zuwendet, in seiner Spätphase zur Mystifikation des Gesellschaftlichen in der Religion, in der sich die positive Moral bzw. das Kollektivbewußtsein kultisch reaktiviert, und auch sein Werk mündet in Entwürfe autoritärer Erziehung.

49 Vgl. Margarethe Steinhauer, *Die politische Soziologie Auguste Comtes*, Meisenheim 1966, S. 78ff.

50 Comte, *Système*, Bd. II, S. 123

51 Vgl. Dieter Prokop, Versuch über Massenkultur und Spontaneität, in: Ders. (Hrsg.), *Materialien zur Theorie des Films*, München 1971, S. 31ff.; Ulrike Prokop, *Soziologie der Olympischen Spiele*, a.a.O., S. 21ff.; Dieter Prokop, *Zum Problem von Konsumtion und Fetischcharakter im Bereich der Massenmedien*, a.a.O., S. 16ff.

52 ebenda

53 Alfred Sohn-Rethel, *Geistige und körperliche Arbeit*, Frankfurt 1970, S. 19

54 Vgl. in dieser Einleitung S. 20f.

55 Hans-Jürgen Krahl, Zu Herbert Marcuse, in: Ders., *Konstitution und Klassenkampf*, Frankfurt 1971, S. 127

56 Hans-Jürgen Krahl, Zur Wesenslogik der Marxschen Warenanalyse, in: Ders., *Konstitution und Klassenkampf*, a.a.O., S. 40

57 Alfred Sohn-Rethel, *Geistige und körperliche Arbeit*, a.a.O., S. 67f.

58 Vgl. in dieser Einleitung S. 21f.

59 Vgl. Dieter Prokop, *Zum Problem von Konsumtion und Fetischcharakter im Bereich der Massenmedien*, a.a.O., S. 9ff.

60 Deshalb hat Franz Dröge unrecht, der schreibt: »Wenn nämlich das Publikum Tauschwerte direkt konsumieren kann, braucht das Proletariat schließlich nur sein verdientes Geld aufzuessen, und schon kann das Kapital seinen Mehrwert nicht realisieren, und es verendet jämmerlich.« (Franz Dröge, *Wissen ohne Bewußtsein*, Frankfurt 1972, S. 48). Dieser Scherz gerät zum Bierwitz, nicht nur weil Dröge sich Entspezifikation als Gebrauchswert nicht vorstellen kann, sondern auch, weil er sich als Verkörperung der Wertform der Ware nur naturales Geld: klingende Münzen und papierene Scheine, vorstellen kann. Daß reines Denken und praktischer Positivismus deren identischer Ausdruck sind, leuchtet diesem mechanischen Materialismus ebensowenig ein wie er gewöhnlich bereit ist, den Massen die Fähigkeit des Denkens überhaupt zuzugestehen.

Plan der wissenschaftlichen Arbeiten, die für eine Reform der Gesellschaft notwendig sind

I. Die organische Doktrin

1. Der gegenwärtige kritische Zustand

Ein soziales System, welches im Verschwinden begriffen ist, ein neues System, das zu seiner vollständigen Reife gelangt und sich zu konstituieren bestrebt ist: das ist der grundsätzliche Charakter, welcher der gegenwärtigen Zeit durch den allgemeinen Entwicklungsgang der Kultur zuzuschreiben ist. Entsprechend diesem Zustand der Dinge bewegen heute zwei Strömungen von verschiedener Beschaffenheit die Gesellschaft: eine der Desorganisation, eine andere der Reorganisation. Durch die erste allein würde die Gesellschaft einer tiefen moralischen und politischen Anarchie zugeführt werden, welche sie mit einer nahen und unvermeidlichen Auflösung zu bedrohen scheint. Durch die zweite aber wird sie dem endgültigen sozialen Zustande des Menschengeschlechtes zugeführt, dem Zustande, welcher am meisten dessen Natur entspricht, da in ihm alle Mittel des Wohlstandes ihre vollständigste Entwicklung und ihre unmittelbarste Anwendung finden sollen. In der Koexistenz dieser beiden entgegengesetzten Tendenzen besteht die große Krisis, welche gegenwärtig von den höchstkultivierten Nationen durchlebt wird. Und unter diesem doppelten Gesichtspunkte muß man sie betrachten, um sie verstehen zu können.

Von dem Augenblick, wo diese Krisis sich zu erkennen gegeben hat, bis zur Gegenwart ist die Tendenz der Desorganisation des alten Systems* vorherrschend gewesen. Oder vielmehr, sie ist auch gegenwärtig noch die einzige, welche klar zum Ausdruck gekommen ist. Es lag in der Natur der Sache, daß die Krisis derart begann, und dies war nützlich, damit das alte System tief genug verändert wurde, um unmittelbar die Möglichkeit zu geben, zu der Bildung des neuen vorzuschreiten.

Aber heute, wo diese Bedingung vollständig erfüllt ist, wo das feudale und theologische System so sehr geschwächt ist, wie es nur sein kann, damit das neue System sich zu gestalten beginnt, ist die noch gegenwärtig bestehende Vorherrschaft der

* [Gemeint sind das feudale System und die Restaurationsversuche. Anm. d. Hrsg.]

kritischen Tendenz das größte Hindernis für die Entwicklung der Kultur, ja sogar für die endgültige Zerstörung des alten Systems. Sie ist die erste Ursache der fürchterlichen, immer wiederkehrenden Erschütterungen, von denen die Krise begleitet ist.

2. Die Abhilfe

Das einzige Mittel, um diese stürmische Sachlage zu beendigen und die Anarchie zu beseitigen, welche die Gesellschaft von Tag zu Tag stärker erfaßt, mit einem Worte, um die Krisis auf den Standpunkt einer einfachen geistigen Bewegung zurückzuführen, besteht darin, die kultivierten Nationen zu veranlassen, die kritische Richtung aufzugeben und die *organisatorische* Richtung einzuschlagen. Sie müssen alle ihre Anstrengungen auf die Bildung des neuen sozialen Systems richten, welches der eigentliche Zweck der Krisis ist und in bezug auf welche alles, was bisher geschehen ist, sich nur als Vorbereitung darstellt.

Dies ist die erste Notwendigkeit der gegenwärtigen Epoche. Dies ist auch beiläufig das allgemeine Ziel meiner Arbeit und der besondere Zweck dieser Schrift, deren Aufgabe ist, die Kräfte in Betrieb zu setzen, welche die Gesellschaft auf dem Wege zum neuen System weiterführen.

3. Hemmungen

Eine zusammenfassende Untersuchung der *Ursachen*, welche bisher die Gesellschaft verhindert haben und sie noch gegenwärtig verhindern, die organisatorische Richtung unmittelbar einzuschlagen, muß naturgemäß vorausgeschickt werden, bevor an die Darlegung der *Mittel* gegangen werden kann, welche sie auf diesen Weg bringen können.

Die vielfachen und fortgesetzten Bemühungen der Völker und der Könige, die Gesellschaft zu reorganisieren, beweisen, daß das Bedürfnis einer solchen Reorganisation allgemein empfunden wird. Diese Empfindung ist aber beiderseits unbestimmt und unvollkommen. Die beiden Arten von Versuchen sind, obwohl von entgegengesetzter Beschaffenheit, doch nach verschiedener Richtung gleicherweise *unzulänglich*. Sie haben bisher kein wahrhaft organisches Ergebnis erzeugt und werden das niemals tun können. Sie haben nicht die Eigenschaft, die Krisis zu beendigen, sondern sie ziehen sie nur hin. Das ist

die wirkliche Ursache, welche trotz aller Anstrengungen die Gesellschaft der Revolution zur Beute läßt, indem sie sie in der kritischen Richtung festhält.
Um diese grundlegende Behauptung zu beweisen, braucht man nur einen allgemeinen Blick über die Versuche der Reorganisation zu werfen, welche von den Königen einerseits und von den Völkern andererseits unternommen worden sind.

4. Der Fehler der Regenten

Am leichtesten ist der Irrtum nachzuweisen, welchen die Könige begangen haben. Für sie besteht die Reorganisation der Gesellschaft einfach in der vollständigen *Wiederherstellung des feudalen und theologischen Systems.* In ihren Augen gibt es kein anderes Mittel, die Anarchie zu beendigen, welche doch gerade von dem Verfall dieses Systems herrührt.
Es würde wenig philosophisch sein, wenn man diese Anschauung als hauptsächlich durch das persönliche Interesse der Regierenden diktiert erachtete. So schimärisch sie ist, so hat sie sich doch naturgemäß solchen Geistern darbieten müssen, welche ehrlich ein Mittel gegen die gegenwärtige Krisis suchten. Sie haben das Bedürfnis einer Reorganisation in seiner ganzen Ausdehnung empfunden, haben aber den allgemeinen Gang der Kultur nicht in Betracht gezogen. Da sie den gegenwärtigen Zustand der Angelegenheit nur unter einem Gesichtspunkt betrachten, so haben sie die Tendenz der Gesellschaft zur Herstellung eines *neuen* Systems nicht bemerkt, welches vollkommener und nicht weniger dauerhaft ist als das alte. Mit einem Wort, es ist natürlich, daß diese Art der Betrachtung sich zunächst bei den Regierenden geltend gemacht hat, denn von dem Gesichtspunkt aus, der durch ihre Stellung bedingt ist, muß ihnen notwendig der anarchische Zustand der Gesellschaft mit größerer Deutlichkeit entgegentreten und deshalb mit besonderem Nachdruck das Bedürfnis einer Besserung erwekken.
Ich brauche hier nicht auf die offenbare Absurdität einer solchen Meinung einzugehen, denn sie wird heute allgemein von der Gesamtheit der aufgeklärten Menschen zugegeben. Zweifellos verstehen die Könige, welche das alte System zu rekonstruieren versuchen, nicht die Beschaffenheit der gegenwärtigen Krisis und haben keine Ahnung von der Schwierigkeit der Aufgabe, die sie sich gestellt haben.

Der Untergang des feudal-theologischen Systems rührt nicht, wie sie glauben, von neuerlichen, isolierten und einigermaßen zufälligen Ursachen her. Statt die Wirkung der Krisis zu sein, so ist er vielmehr deren *Ursache*. Der Verfall des alten Systems hat in stetiger Weise während der vergangenen Jahrhunderte stattgefunden, und zwar durch eine Reihe von Vorgängen, welche unabhängig sind von allem menschlichen Wollen, an denen alle Klassen der Gesellschaft beteiligt sind und deren erste Agenten und eifrigste Beförderer häufig die Könige selbst gewesen waren. Jener Untergang ist mit einem Wort die notwendige Konsequenz der *Entwicklung der Kultur* gewesen.
Somit würde es nicht genügen, um das alte System wiederherzustellen, wenn man die Gesellschaft auf den Punkt zurückbrächte, an welchem die gegenwärtige Krisis begonnen hatte, sich zu betätigen. Denn selbst wenn man annimmt, daß das möglich wäre, was tatsächlich absolut unmöglich ist, so hätte man doch damit nichts erreicht. Man hätte den sozialen Körper nur nochmals in dieselbe Lage gebracht, aus welcher die Krisis notwendig folgen *mußte*. Es wäre daher außerdem nötig, stufenweise die Jahrhunderte entlang alle die Verluste zu ersetzen, welche das alte System seit 600 Jahren erfahren hat, im Vergleich zu denen das, was ihm in den 30 letzten Jahren genommen worden ist, als unbedeutend verschwindet.
So wäre es beispielsweise zwecklos, wenn man die Philosophie des 18. Jahrhunderts, welche direkt den Fall des alten Systems in geistiger Beziehung verursacht hat, aus der Welt schaffen wollte, wenn man nicht gleichzeitig die Vernichtung der Reformation des 16. Jahrhunderts bewerkstelligen könnte, von der die Philosophie des 18. nur die Folge und die Entwicklung ist. Da aber die Reformation *Luthers* ihrerseits nur das notwendige Ergebnis des Fortschrittes der Erfahrungswissenschaften ist, welche von den Arabern nach Europa gebracht worden waren, so wäre tatsächlich noch nichts Entscheidendes für die Wiederherstellung des alten Systems geschehen, wenn man nicht auch noch die Vernichtung der positiven Wissenschaften durchführen würde.
Ebenso würde man in wirtschaftlicher Beziehung stufenweise dazu gezwungen sein, die industriellen Klassen in den Zustand der Sklaverei zurückzusetzen, da in letzter Analyse die Befreiung der Gemeinden die erste und allgemeinste Ursache des

Verfalls des feudalen Systems ist. Und um die Charakteristik einer derartigen Unternehmung abzuschließen: nachdem man so viele Schwierigkeiten überwunden haben würde, von denen die kleinste für sich betrachtet weit oberhalb jedes menschlichen Könnens liegt, hätte man doch nichts erreicht, als den endgültigen Fall des alten Systems nur zu *vertagen*. Denn man würde die Gesellschaft nur zwingen, den Zerstörungsvorgang von neuem vorzunehmen, da man das *Prinzip der fortschreitenden Kultur*, das der Natur des menschlichen Geschlechtes eigen ist, damit noch immer nicht zerstört haben würde.

Ein derart ungeheuerliches Projekt, gleich ungeheuerlich durch seine Ausdehnung wie durch seine Absurdität, konnte in seiner Gesamtheit natürlich nicht von einem menschlichen Gehirn erzeugt werden. Denn jeder gehört, ob er will oder nicht, seinem Jahrhundert an. Die Köpfe, welche am kräftigsten gegen die Entwicklung der Kultur zu kämpfen glauben, gehorchen, ohne daß sie es wissen, deren unwiderstehlichem Einfluß und unterstützen so selbst jene Entwicklung.

5. Selbstzerstörung des alten Systems

So geraten auch die Fürsten zur selben Zeit, wo sie die Rekonstruktion des feudalen und theologischen Systems planen, in beständige Widersprüche, da sie durch ihre eigenen Handlungen dazu beitragen, einerseits die Desorganisation dieses Systems zu vervollständigen, andererseits die Bildung des neuen Systems zu beschleunigen, das jenes zu ersetzen bestimmt ist. Tatsachen dieser Art bieten sich in Menge dem Beobachter dar.

Um hier nur auf die auffallendsten hinzudeuten: man sieht, daß die Fürsten sich eine Ehre daraus machen, die Vervollkommnung und Ausbreitung der Wissenschaften und Künste zu fördern, die Entwicklung der Industrie anzuregen. Man sieht sie für diesen Zweck zahlreiche und nützliche Einrichtungen treffen, obwohl doch in letzter Analyse *der Verfall des alten Systems auf dem Fortschritt der Wissenschaften, der Künste und der Industrie beruht*.

Ebenso haben die Fürsten, soviel es in ihrer Macht stand, durch die heilige Allianz die theologische Vorherrschaft unterdrückt, die doch die hauptsächliche Grundlage des alten Systems bildet, indem sie einen europäischen höchsten Rat begründeten, wo die Geistlichkeit nicht einmal eine beratende Stimme hat.

Endlich bietet die gegenwärtige Orientierung der Meinungen über die Befreiungskämpfe der Griechen ein noch einleuchtenderes Beispiel für diesen Geist der Inkonsequenz dar. Man sieht bei dieser Gelegenheit, wie die Männer, welche den Anspruch erheben, den theologischen Ideen ihren alten Einfluß wiederzugeben, unwillkürlich selbst den Verfall dieser Ideen in ihrem eigenen Geist bestätigen, indem sie nicht davor zurückschrecken, zugunsten des Mohammedanismus Wünsche auszusprechen, welche zu der Zeit des Glanzes des alten Systems die Anklage der Gotteslästerung auf ihr Haupt gebracht hätte.*

Im Sinne der Bemerkungen, welche eben angedeutet worden sind, kann jeder leicht neue Tatsachen hinzufügen, welche sich täglich vervielfältigen. Die Könige können sozusagen keine einzige Tat tun, keine einzige Anordnung zugunsten der Wiederherstellung des alten Systems treffen, deren Konsequenz nicht alsbald einen Vorgang in entgegengesetzter Richtung hervorruft. Häufig enthält dieselbe Maßregel beide Richtungen gleichzeitig.

Man kann die Absurdität dieses Planes, die sie selbst nicht begreifen und die gerade jene am wenigsten einsehen, welche seine Ausführung mit dem größten Eifer verfolgen, nicht besser ans Licht stellen, als durch diesen radikalen Widerspruch. Er beweist auf das deutlichste, wie vollkommen unwiderruflich das alte System dem Ruin entgegengeht. Es ist nicht nötig, hier über diesen Gegenstand weitere Einzelheiten beizubringen.

6. Der Fehler der Demokratie

Doch ist andererseits die Art und Weise, wie die *Völker* bisher die Reorganisation der Gesellschaft aufgefaßt haben, nicht weniger fehlerhaft, wenn auch der Fehler nach ganz anderer Richtung liegt, als der der Könige. Nur darf der Irrtum hier als entschuldbar angesehen werden, weil er unter dem Suchen nach dem *neuen System* begangen wird, dem der Gang der Kultur-

* Um die ganze Bedeutung dieser Tatsache zu empfinden, muß man sich erinnern, daß der Papst selbst sich in solchem Sinne ausgesprochen hat, indem er formell den jungen Leuten des römischen Adels die Erlaubnis verweigert hat, den Griechen zuhilfe zu eilen.

entwicklung sie zuführt und dessen Natur noch nicht klar genug bestimmt werden konnte. Die Könige aber versuchten eine Aufgabe auszuführen, deren vollkommene Absurdität jedes etwas aufmerksame Studium der Vergangenheit ganz offenkundig beweist. Mit einem Wort, die Könige befinden sich im Widerspruch mit den *Tatsachen* und die Völker mit den *Prinzipien*, welche im allgemeinen viel schwieriger im Auge zu behalten sind. Aber den Irrtum der Völker zu beseitigen, ist viel wichtiger als den der Könige, weil nur jener ein wirkliches Hindernis auf dem Wege der Kultur bildet und weil allein sein Vorhandensein dem anderen Irrtum einige Bedeutung verleiht.

Die herrschende Meinung im Geiste der Völker über die Art und Weise, wie die Gesellschaft reorganisiert werden muß, beruht, und das ist ihr charakteristischer Zug, auf einer schweren Unkenntnis der grundlegenden Bedingungen, welche ein soziales System erfüllen muß, um wirklich *Dauer* zu haben. Sie kommt darauf hinaus, daß als organische Prinzipien die *kritischen* angesehen werden, welche dazu gedient haben, das feudale und theologische System zu zerstören. Mit anderen Worten: man betrachtet bloße Abänderungen des alten Systems als die Grundlagen des neuen, künftigen.

Um sich hiervon zu überzeugen, braucht man nur aufmerksam die Lehren zu studieren, welche gegenwärtig unter den Völkern anerkannt und in den Reden ihrer geschicktesten Parteigänger sowie in ihren methodischsten Schriften dargelegt sind. Man braucht nur, nachdem man sie selbst betrachtet hat, ihre stufenweise Entstehung historisch zu untersuchen, um zu finden, daß sie in einem ausschließlich kritischen Sinne erfaßt worden sind, welcher durchaus nicht als Grundlage einer Reorganisation dienen kann.

Die Regierung, welche bei jedem regelmäßigen Zustand der Dinge das Haupt der Gesellschaft, der Führer und Aktor der allgemeinen Betätigung ist, wird in diesen Lehren systematisch jeder Betätigungsmöglichkeit beraubt. Entfernt von jeder erheblichen Teilnahme an dem Gesamtleben des sozialen Körpers wird sie auf eine absolut negative Tätigkeit beschränkt. Man meint sogar, daß überhaupt die Wirkung der sozialen Gesamtheit auf ihre Glieder sich strikt auf die Erhaltung der öffentlichen Ruhe beschränken müsse, was doch in jeder aktiven Gesellschaft stets nur ein ganz subalterner Zweck gewesen ist,

dessen Bedeutung sogar durch die Entwicklung der Kultur sich notwendig vermindert, da durch sie die Erhaltung der Ordnung beständig leichter wird.
Die Regierung wird nicht mehr als das Oberhaupt der Gesellschaft betrachtet, dessen Zweck ist, alle individuellen Betätigungen zu harmonisieren und auf ein allgemeines Ziel zu richten. Sie wird als ein natürlicher Feind der Gesellschaft angesehen, der sich in ihrer Mitte eingenistet hat und gegen dessen Eingriffe die Gesellschaft sich durch die Garantien schützen muß, die sie sich gesichert hat. Sie beobachtet ihr gegenüber einen dauernden Zustand des Mißtrauens und der Feindseligkeit, die in jedem Augenblick auf das erste Anzeichen eines Angriffes sich zu entladen bereit sind.

7. Der negative Charakter der Kritik

Wenn man von der allgemeinen Betrachtung auf die Einzelheiten übergeht, so zeigt sich dieselbe Denkweise noch deutlicher. Es genügt hier, diese für die wichtigsten Punkte der geistigen wie der weltlichen Verwaltung zu zeigen.
Das Prinzip dieser Lehre ist in geistiger Beziehung das Dogma von der unbegrenzten *Freiheit des Gewissens.* Untersucht man es in dem Sinne, in dem es ursprünglich aufgestellt worden war, nämlich zu dem *kritischen* Zwecke, so ist dieses Dogma nichts anderes als die Übersetzung einer großen allgemeinen Tatsache, nämlich des *Verfalls des theologischen Glaubens.* Als Ergebnis dieses Verfalls hat das Prinzip durch eine notwendige Reaktion kräftig dazu beigetragen, ihn zu beschleunigen und auszudehnen. Aber hierauf beschränkt sich nach der Natur der Sachen sein Einfluß. Das Prinzip liegt in der Linie des Fortschrittes des Menschengeistes, solange man es als ein Hilfsmittel zum Kampfe gegen das theologische System ansieht. Es verliert seinen ganzen Wert in dieser Beziehung, sobald man darin die Grundlage der großen sozialen Reorganisation finden will, die der gegenwärtigen Zeit vorbehalten ist. Es wird dort sogar ebenso schädlich, wie es nützlich gewesen war, da es sich zu einem Hindernis dieser Reorganisation ausgestaltet.
Das Wesen jenes Prinzips besteht nämlich darin, daß es die allgemeine Annahme *jedes* Systems systematischer Gedanken verhindert, ohne welches es doch überhaupt keine Gesellschaft geben kann, indem es die Souveränität jeder persönlichen Vernunft proklamiert. Denn wie hoch auch die Bildung der breiten

Massen jemals steigen mag, so ist es doch einleuchtend, daß die Mehrzahl der zusammenfassenden Gedanken, welche von der Allgemeinheit angenommen werden sollen, von dieser nur auf Grund eines Beweises gutgeheißen werden können. Somit ist jenes kritische Dogma seiner Natur nach ausschließlich nur auf solche Gedanken anwendbar, welche zum Verschwinden bestimmt sind, nachdem ihre Wirkung aufgehört hat. Und tatsächlich hat sich seine Anwendung auf solche Ideen auf den Zeitpunkt beschränkt, in welchem sie zu verfallen begannen und hat ihre Niederlage beschleunigt.

Wendet man es dagegen auf neue Systeme ebenso wie auf das alte an und sieht man darin ein organisierendes Prinzip, so verfällt man dem wunderlichsten Widerspruch. Denn wo ein derartiger Irrtum dauernd wird, müßte er die Reorganisation der Gesellschaft auf immer unmöglich machen.

Innerhalb der Astronomie, der Physik, der Chemie, der Physiologie gibt es keine Freiheit des Gewissens. Denn jeder würde es absurd finden, nicht an die Prinzipien zu glauben, welche in diesen Wissenschaften durch kompetente Männer aufgestellt worden sind. Wenn es sich in der Politik anders verhält, so rührt das daher, daß, nachdem die alten Prinzipien gefallen waren und die neuen sich noch nicht gebildet hatten, in diesem Intervall tatsächlich gar keine bewiesenen Prinzipien bestehen. Aber diesen vorübergehenden Zustand zu einem absoluten und ewigen Dogma zu machen, ihn zu einer grundlegenden Maxime zu gestalten, bedeutet offenbar nichts anderes, als zu erklären, daß die Gesellschaft auf immer ohne allgemeine Lehren bleiben muß. Man darf zugestehen, daß ein derartiges Dogma tatsächlich den Vorwurf der Anarchie verdient, welcher ihm durch die besten Verteidiger des theologischen Systems gemacht worden ist.

Das Dogma von der *Souveränität des Volkes* entspricht bezüglich der weltlichen Verwaltung dem eben untersuchten Dogma von der Freiheit des Gewissens und ist nur seine politische Anwendungsform. Es ist geschaffen worden, um das Prinzip des göttlichen Rechtes zu bekämpfen, welches die allgemeine politische Grundlage des alten Systems gewesen war, und man hat es aufgestellt bald nachdem das Dogma von der Freiheit des Gewissens ausgesprochen worden war, welches seinerseits die theologischen Ideen zerstören sollte, auf welche jenes Prinzip begründet war.

Was von dem einen gesagt worden ist, gilt für das andere ebenso. Das antifeudale Dogma hat ebenso wie das antitheologische Dogma seine kritische Aufgabe erfüllt und damit seine Laufbahn naturgemäß beschlossen. Das erste kann ebensowenig die politische Basis der sozialen Reorganisation sein wie das zweite ihre moralische Basis sein kann. Sie sind beide nur aufgestellt worden, um zu *zerstören,* denn die sind beide gleich unfähig zu *begründen.*
Wie das eine, wenn man es als ein organisches Prinzip auffaßt, nichts anderes darstellt als die *individuelle Infallibilität* an Stelle der päpstlichen Infallibilität, so ersetzt das andere die Willkür der Könige durch die Willkür der Völker oder vielmehr durch die der einzelnen. Es bewirkt die vollständige Zerstörung des politischen Körpers und führt dazu, daß die Macht im Staat seinen wenigst kultivierten Klassen übergeben wird. Ebenso strebt das erste Prinzip die völlige Isolierung der Geister an, indem es die wenigst gebildeten Menschen mit dem Recht einer absoluten Kontrolle über das System der Gedanken ausstattet, welche von den höheren Geistern entwickelt worden sind, um der Gesellschaft als Führung zu dienen.
Es ist leicht, auf jede einzelne der besonderen Ideen, aus denen sich die Doktrin der Volksrechte zusammensetzt, diese Untersuchung auszudehnen, welche eben für die beiden fundamentalen Dogmen skizziert worden ist. Man wird überall ein ähnliches Ergebnis finden. Man wird sehen, daß sie alle ebenso wie die beiden erörterten Prinzipien nichts anderes sind als der dogmatische Ausspruch einer entsprechenden geschichtlichen Tatsache, welche sich auf den Verfall des feudalen und theologischen Systems bezieht. Man wird ebenso erkennen, daß alle nur eine *kritische* Bedeutung haben, in der ihr einziger Wert besteht und welche sie absolut unfähig macht, als Grundlage für die Reorganisation der Gesellschaft zu dienen.
So bestätigt die vertiefte Untersuchung der Lehre von den Volksrechten das, was ein philosophischer Überblick schon voraussehen ließ, daß nämlich Kriegsmaschinen nicht durch eine noch so wunderbare Umwandlung sich plötzlich in Instrumente des Aufbaus umgestalten lassen. Jene Lehre, welche rein kritisch in ihrer Gesamtheit und in ihren Einzelheiten ist, hat die allergrößte Bedeutung gehabt, um den natürlichen Gang der Kultur zu unterstützen, solange die hauptsächliche Arbeit sich auf den Kampf gegen das alte System beschränken mußte.

Aber als Mittel, die soziale Reorganisation zu leiten, ist sie von absoluter Unzulänglichkeit. Sie versetzt notwendig die Gesellschaft in einen Zusand von grundsätzlicher Anarchie sowohl in weltlicher wie in geistiger Beziehung.
Natürlich entsprach es der menschlichen Unzulänglichkeit, daß die Völker zunächst die kritischen Prinzipien, mit deren beständiger Anwendung sie vertraut waren, als organische angesehen haben. Aber die Fortführung eines derartigen Irrtums ist nichtsdestoweniger das größte Hindernis für die Reorganisation der Gesellschaft.

8. Die dynamische Wechselwirkung der Irrtümer
Nachdem wir gesondert die beiden Arten betrachtet haben, in denen die Völker und die Fürsten diese Reorganisation auffassen, erkennen wir, wenn wir sie miteinander vergleichen, daß jede von ihnen vermöge der ihnen innewohnenden Irrtümer gleich unfähig ist, die Gesellschaft in eine wahrhaft organische Richtung zu bringen und dadurch die Zukunft von der Wiederkehr der Stürme zu befreien, welche bisher die große Krisis unserer Zeit beständig begleitet hatten. Beide Auffassungen sind in gleichem Maße anarchisch, die eine vermöge ihrer inneren Beschaffenheit, die andere vermöge ihrer notwendigen Konsequenzen. Der einzige Unterschied, welcher in dieser Beziehung besteht, ist der, daß gemäß der Meinung der Fürsten die Regierung absichtlich in unmittelbaren und dauernden Gegensatz zu der Gesellschaft gesetzt wird, während in der Meinung der Völker die Gesellschaft systematisch sich in einen Dauerzustand der Feindschaft gegen die Regierung versetzt.
Diese beiden entgegengesetzten Ansichten, die gleich unrichtig sind, haben nach der Natur der Sache die Tendenz, sich gegenseitig zu steigern und infolgedessen unbegrenzt die Quellen der Revolution zu speisen.
Einerseits verursachen notwendig die Versuche der Könige, das feudal-theologische System wiederherzustellen, bei den Völkern Explosionen der Prinzipien der kritischen Lehre mit all ihrer erschreckenden Energie. Es ist sogar einleuchtend, daß ohne diese Gegenversuche jene Lehre längst ihre größte Aktivität verloren hätte. Denn sie hätte kein Objekt mehr gehabt, nachdem die Könige feierlich ihr Grundprinzip (das Dogma von der Gewissensfreiheit), ebenso wie dessen haupt-

sächlichste Konsequenzen anerkannt und damit tatsächlich den unwiderruflichen Untergang des alten Systems öffentlich konstatiert haben. Aber die Versuche, das göttliche Recht wiederherzustellen, erwecken die Souveränität des Volkes und geben ihr einen neuen Ansporn.

Andererseits treibt, nachdem das alte System mehr als genügend abgeändert ist, um die direkte Arbeit an der Bildung des neuen zu gestatten, die von den Völkern immer noch den kritischen Prinzipien zugestandene Vorherrschaft naturgemäß die Könige dahin, daß sie durch die Wiederherstellung des alten Systems eine Krisis zu ersticken versuchen, welche in der Gestalt, wie sie sich darstellt, keinen anderen Ausweg zu ergeben scheint, als die völlige Auflösung der sozialen Ordnung. Diese Ausdehnung der Herrschaft der kritischen Lehre auf eine Zeit, wo die Gesellschaft einer *organischen* bedarf, ist tatsächlich der einzige Umstand, welcher der Auffassung der Könige einige Kraft verleiht. Denn wenn auch tatsächlich ihre Lehre wegen der absoluten Unmöglichkeit, sie zu verwirklichen, nicht organischer ist als die der Völker, so ist sie es doch wenigstens in der Theorie. Dadurch gewinnt sie eine unvollkommene Beziehung zu den Bedürfnissen der Gesellschaft, da diese irgendein System unbedingt nötig hat.

Fügt man diesem exaktem Bilde noch den Einfluß der verschiedenen Parteien ein, zu deren Betätigung dieser Zustand der Dinge ein so weites und günstiges Feld liefert, betrachtet man ihre Anstrengungen, um die Klärung der Frage zu verhindern, um die Könige und Völker davon abzuhalten, sich gegenseitig zu verstehen und ihre beiderseitigen Irrtümer zu verbessern, so gewinnt man eine richtige Idee von der traurigen Lage, in welcher sich heute die Gesellschaft befindet.

9. Die organische Doktrin

Alle die vorstehend dargelegten Betrachtungen beweisen, daß das Mittel, um endlich aus diesem beklagenswerten circulus vitiosus herauszukommen, der die unerschöpfliche Quelle der Revolution ist, nicht in dem Siege der Theorie der Könige bestehen kann und noch weniger in dem der Volksmeinung, so wie beide augenblicklich sind. Es gibt kein anderes Mittel als die Ausbildung und allgemeine Annahme der *organischen* Doktrin sowohl seitens der Völker wie seitens der Könige, da diese allein die Könige veranlassen kann, die reaktionäre Richtung aufzugeben, und die Völker, auf die kritische Richtung zu verzichten.

Die organische Lehre allein kann die Krisis endigen, indem sie die ganze Gesellschaft nach der Richtung des neuen Systems in Bewegung setzt, dessen Gestaltung die Kulturentwicklung seit ihrem Anfange vorbereitet hat und welches sie gegenwärtig dazu beruft, das feudal-theologische System zu ersetzen.

Durch die einstimmige Annahme dieser Lehre wird das befriedigt werden, was in den gegenwärtigen Forderungen der Völker und der Könige Verständiges vorhanden ist und dasjenige wird beseitigt werden, was sie Falsches und Widersprechendes enthalten. Die berechtigten Besorgnisse der Könige wegen der Auflösung der Gesellschaft werden aufgehoben werden, und alsdann wird kein legitimes Motiv sie mehr veranlassen, sich dem Aufschwung des menschlichen Geistes zu widersetzen. Die Völker werden ihre Bestrebungen auf die Gestaltung des neuen Systems richten und werden nicht weiter gegen das feudaltheologische System ankämpfen, das sie vielmehr der friedlichen Selbstauflösung gemäß dem natürlichen Gang der Dinge überlassen werden.

Nachdem wir die Notwendigkeit der Annahme einer neuen, wahrhaft organischen Lehre bewiesen haben, werden die nachstehenden Betrachtungen bezüglich der Zweckmäßigkeit ihrer Einführung den Beweis erbringen, daß endlich der Augenblick gekommen ist, unmittelbar dieses große Werk zu beginnen.

10. Das gegenwärtige Vakuum

Wenn man genau den gegenwärtigen Zustand der fortgeschrittensten Nationen betrachtet, so kann man nicht umhin, durch die folgende merkwürdige und fast widersprechende Tatsache überrascht zu sein. Obwohl zurzeit noch keine anderen politischen Ideen existieren als diejenigen, welche sich auf die reaktionäre oder auf die kritische Doktrin beziehen, so übt doch keine von ihnen gegenwärtig weder bei den Königen noch bei bei den Völkern eine wirkliche Vorherrschaft aus. Keine von ihnen betätigt eine hinreichend kräftige Wirkung auf die Leitung der Gesellschaft. Die beiden Lehren, welche vom theoretischen Gesichtspunkte aus sich gegenseitig fördern, wie wir das oben dargelegt haben, werden in Wirklichkeit nur in solchem Sinne angewendet, daß sie sich gegenseitig beschränken oder

vielmehr in der allgemeinen praktischen Handhabung der Geschäfte vernichten.
Die große politische Bewegung, welche vor 30 Jahren durch die Aktivierung der kritischen Idee eingeleitet worden ist, hat diese tatsächlich um ihren hauptsächlichsten Einfluß gebracht. Einerseits hat sie dadurch ihre natürliche Laufbahn beendet, daß sie dem alten System den letzten Schlag versetzt hat. Denn hierdurch wurde nahezu vollständig die allgemeine Ursache zerstört, welche ihr die öffentliche Gunst gewonnen hatte. Andererseits war durch die Anwendung der neuen Anschauungen auf die Organisation der Gesellschaft ihr anarchischer Charakter vollständig ins klare gesetzt worden. Seit diesem entscheidenden Versuch besteht bei den Völkern die wirkliche kritische Leidenschaft nicht mehr. Infolgedessen kann auch trotz des äußeren Anscheines keine wirkliche reaktionäre Leidenschaft bei den Königen mehr bestehen, denn sie erkennen den Verfall des feudal-theologischen Systems und die Notwendigkeit, aus ihm herauszukommen, tatsächlich an.
Die aktive Betätigung in dem einen oder anderen Sinne findet sich gegenwärtig ebensowenig bei der Regierung wie bei der Gesellschaft. Beide bedienen sich in der Praxis der reaktionären oder der kritischen Anschauung nur auf eine wesentlich *passive* Weise, d. h. als Verteidigungsmittel. Jede von beiden benutzt sogar abwechselnd die eine und die andere Doktrin fast in gleichem Maße zu theoretischen Zwecken. Nur besteht dabei der natürliche Unterschied, daß die Völker sich noch vorwiegend an die kritische Lehre halten, weil sie die Notwendigkeit stärker empfinden, das alte System zu verlassen, während die Könige die reaktionäre Lehre bevorzugen, weil sie tiefer die Notwendigkeit irgendeiner sozialen Ordnung begreifen.
Diese Bemerkung kann schon durch die Tatsache leicht bestätigt und erläutert werden, daß eine Art von *Zwitterlehre* besteht und Anhänger hat, welche nichts ist als ein Gemenge aus rückschrittlichen und der kritischen Gedanken. Es ist klar, daß diese Meinung, die natürlich keinerlei Einfluß auf die Entstehung der Krise selbst gehabt hat, heute in den Vordergrund getreten ist, und zwar ebenso bei den Regierungen wie bei den Regierten. Die beiden aktiven Parteien erkennen ihre Herrschaft auf die zweifelloseste Weise an, nämlich durch die unbedingte Notwendigkeit, in der sie sich gegenwärtig beide befinden, ihre *Sprache* zu benutzen.

Der Erfolg einer solchen Anschauung beweist klar zwei Tatsachen, welche sehr wesentlich für die genaue Erkenntnis der gegenwärtigen Zeit sind. Er beweist zunächst, daß die Unzulänglichkeit der kritischen Lehre, den großen gegenwärtigen Bedürfnissen der Gesellschaft zu entsprechen, ebenso tief und allgemein empfunden wird wie die Unvereinbarkeit des theologisch-feudalen Systems mit dem gegenwärtigen Zustande der Kultur. Zweitens bewirkt er, daß weder die kritische noch die rückschrittliche Anschauung einen entscheidenden Einfluß erlangen können. Denn sowie eine von ihnen sich in dem Punkt zu befinden scheint, daß sie die Vorherrschaft gewinnt, betätigt sich alsbald eine allgemeine Richtung der Geister nach der entgegengesetzten Richtung. Dies dauert so lange, bis diese, getäuscht durch die scheinbare Anerkennung genügend wirksam geworden ist, um die gleichen Bedenken hervorzurufen. Hernach erfährt sie ihrerseits dieselbe Enttäuschung.*

Diese aufeinanderfolgenden Schwankungen betätigen sich bald in dem einen Sinne, bald im anderen, je nachdem der natürliche Gang der Ereignisse bald einerseits die Absurdität des alten Systems, bald andererseits die Gefahr der Anarchie bei dem

* Das Verdienst der zwischenliegenden oder vielmehr widersprechenden Anschauung besteht gerade darin, daß es als Organ dieser Vorgänge dient. Im übrigen ist es klar, daß sie vermöge ihrer Natur mit einer organischen Sterilität behaftet ist, weil sie nicht das geringste besitzt, was ihr eigen ist, und weil sie sich nur aus entgegengesetzten Maximen zusammensetzt, welche sich wechselseitig aufheben. Sie kann nichts leisten,wie die Erfahrung bereits ausreichend bewiesen hat, als den Gang der Angelegenheiten zwischen der kritischen und der reaktionären Tendenz hin und her schwanken zu lassen, ohne ihnen jemals einen bestimmten Charakter aufzuprägen. Dieses unbestimmte Verhalten ist in der gegenwärtigen politischen Situation allerdings unvermeidlich und muß bis zu der Errichtung einer wahrhaft organischen Lehre dauern, um den gewaltsamen Unordnungen zuvorzukommen, denen die Gesellschaft beim alleinigen Vorherrschen der reaktionären oder der kritischen Partei ausgesetzt wäre. In diesem Sinne müssen alle verständigen Menschen sie eifrig unterstützen. Aber eine derartige Politik macht zwar die revolutionäre Periode weniger stürmisch, verlängert aber ebenso notwendig ihre Dauer. Denn eine Anschauung, welche die Inkonsequenz zum System erhebt und welche dahin führt, daß sie die vollständige Abschaffung einer der beiden äußersten Lehren verhindert, damit sie stets die eine der andern entgegensetzen kann, bildet natürlicherweise ein Hindernis dafür, daß der soziale Körper jemals zu einem festen Zustande gelangt. Mit einem Wort, diese Politik ist heute vernünftig und nützlich, insofern sie einfach *provisorisch* ist. Sie wird aber absurd und gefährlich, wenn man sie als *definitiv* betrachten will. Das sind die Gründe, weshalb ich oben diese Doktrin bei der Untersuchung der gegenwärtig existierenden Meinungen über die Reorganisation der Gesellschaft nicht erwähnt habe.

neuen zutage treten läßt. Dies ist gegenwärtig der Mechanismus der praktischen Politik, und so wird er notwendig bleiben, solange die Ideen über die Art und Weise, wie man die Gesellschaft zu reorganisieren hat, keine festere Gestalt angenommen haben und solange sich nicht eine Anschauung entwickelt haben wird, welche gleichzeitig diese beiden großen Bedingungen erfüllen kann, die unsere Zeit erfordert und welche bis heute als widersprechend angesehen worden sind: *nämlich das alte System aufzugeben und doch eine regelmäßige und stabile Ordnung zu schaffen.*

Diese gegenseitige Aufhebung der beiden entgegengesetzten Lehren macht sich in den Anschauungen bemerkbar und betätigt sich vor allen Dingen unverkennbar in den Handlungen. Wenn man tatsächlich alle die Ereignisse von irgendwelcher Bedeutung untersucht, die seit 10 Jahren sowohl im Sinne der kritischen wie gemäß der rückschrittlichen Tendenzen geschehen sind, so wird man finden, daß niemals das entsprechende System einen wirklichen Fortschritt erfahren hat und daß das Ergebnis sich jedesmal nur darauf beschränkt hat, das Vorwiegen des entgegengesetzten Systems zu verhindern.

So kann, wenn wir alles zusammenfassen, weder die Doktrin der Könige noch die der Völker irgendwie dem grundlegenden Bedürfnis der Reorganisation genügen, welches die gegenwärtige Zeit kennzeichnet. Hierdurch wird die Notwendigkeit einer neuen allgemeinen Lehre bewiesen. Weiter erweist sich der Sieg der einen wie der anderen Anschauung heute gleicherweise unmöglich. Auch kann weder die eine noch die andere gegenwärtig eine wirksame Tätigkeit entfalten. Aus all diesem folgt, daß die Geister genügend vorbereitet sind, die *organische* Lehre aufzunehmen.

Die Bestimmung der zur Reife gelangten Gesellschaft besteht durchaus nicht darin, ewig in der alten und hinfälligen Hütte sitzen zu bleiben, welche sie in ihrer Kindheit erbaut hat, wie die Könige denken, noch auch ewig ohne Behausung zu leben, nachdem man jene Hütte verlassen hat, wie die Völker denken. Sondern sie besteht darin, daß die Gesellschaft sich auf Grund der erworbenen Erfahrungen mit all den angesammelten Materialien das Gebäude errichtet, welches am besten ihren Bedürfnissen und ihren Freuden angepaßt ist. Dies ist die große und edle Aufgabe, deren Lösung der gegenwärtigen Generation vorbehalten blieb.

II. Weltliche und geistliche Gewalt

11. Unzulänglichkeit der bisherigen Besserungsversuche

Nachdem der Sinn, in welchem die Reorganisation der Gesellschaft einerseits von den Völkern und andererseits von den Königen bisher aufgefaßt worden ist, sich als fehlerhaft erwiesen hat, muß notwendig daraus geschlossen werden, daß beide die Bildung des Reorganisationsplanes unzweckmäßig vorgenommen haben. Dies ist zwar die einzig mögliche Erklärung einer solchen Tatsache; es ist aber erforderlich, diese Behauptung auf unmittelbare, ins einzelne gehende und bestimmte Weise zu erhärten.

Die Unzulänglichkeit der Doktrin der Könige wie der der Völker beweist die Notwendigkeit einer neuen wahrhaft organischen Lehre, welche allein fähig sein kann, die schreckliche Krisis zu beenden, von der die Gesellschaft gegenwärtig gequält wird. Ebenso wird die Untersuchung des Vorgehens, welches beiderseits zu diesen unvollkommenen Ergebnissen geführt hat, nachweisen, welcher Weg eingeschlagen werden muß, um die neue Lehre zu bilden und zur Geltung zu bringen und welche sozialen Kräfte diese große Arbeit zu leiten berufen sind.

Der allgemeine Fehler des Weges, auf welchem von den Völkern und Königen der Reorganisationsplan gesucht worden ist, beruht darauf, daß beide sich bisher eine außerordentlich falsche Vorstellung von der Natur einer derartigen Arbeit gemacht haben. Sie haben demgemäß diese wichtige Aufgabe Leuten anvertraut, welche notwendig unfähig dazu waren. Dies ist die erste Ursache der fundamentalen Irrtümer, welche in dem vorigen Kapitel nachgewiesen worden sind.

Obwohl diese Ursache ebenso bei den Königen wie bei den Völkern sich betätigt hat, ist es doch überflüssig, sie insbesondere in der ersten Beziehung zu betrachten. Denn da die Könige nichts erfunden, sondern sich darauf beschränkt haben, für den neuen sozialen Zustand die Doktrin des alten zu wiederholen, so ist hierdurch allein ihre Unfähigkeit ausreichend erwiesen, eine wirkliche Reorganisation zu gestalten. Nach der anderen Seite ist aus dem gleichen Grunde ihr Weg, obwohl er im Prinzip ebenso absurd ist, wie der der Völker, notwendig methodischer ausgefallen, da er von vornherein bis in die letzte Einzelheit vorgeschrieben war. Nur die Völker haben eine Art von *neuer* Lehre hervorgebracht, und daher muß vor allen Dingen ihr Vorgehen untersucht werden, um die Fehlerquelle in dieser Lehre ausfindig zu machen. Es wird im übrigen hernach jedermann leicht fallen, die allgemeinen Betrachtungen, welche in bezug auf die Völker alsbald gemacht werden sollen, auf die Könige mit den nötigen Modifikationen zu übertragen.

Die Mannigfaltigkeit der sog. *Konstitutionen*, welche von den Völkern seit dem Anfang der Krise ausgebildet worden sind, und die außerordentlich ins einzelne gehende Redaktion, die sich in allen mehr oder weniger vorfindet, würden allein genügen, um jedem urteilsfähigen Geist mit voller Evidenz zu beweisen, wie sehr die Natur eines Reorganisationsplanes und die Schwierigkeit seiner Gestaltung bisher mißkannt worden sind. Nachdem die Gesellschaft wahrhaft reorganisiert sein wird, wird es für unsere Enkel ein Gegenstand tiefen Erstaunens sein, daß in dem Zeitraum von 30 Jahren zehn Konstitutionen entstanden, welche alle eine nach der anderen für ewig und unwiderruflich erklärt worden sind und von denen mehrere über zweihundert sehr ins einzelne gehende Artikel enthalten, ohne die von ihnen abhängigen Gesetze zu rechnen, welche sich daran knüpfen. Ein derartiges Geschwätz wäre eine Schmach für die menschliche Vernunft in der Politik, wenn es nicht infolge des natürlichen Fortschrittes der Ideen eine unvermeidliche Übergangsphase zur wahren und endgültigen Lehre wäre.

Auf solche Weise kommt die Gesellschaft nicht vorwärts und kann nicht vorwärtskommen. Auf einen Griff in einigen Monaten oder meinetwegen in einigen Jahren den ganzen Organismus eines sozialen Systems in seiner vollkommenen und endgültigen Entwicklung aufbauen zu wollen, ist eine extravagante Utopie und vollkommen unverträglich mit der Schwäche des menschlichen Geistes.

12. Wie soll man es besser machen?

Man beobachte doch die Art und Weise, in welcher er in analogen aber unendlich viel einfacheren Fällen vorgeht. Wenn sich irgendeine Wissenschaft gemäß einer genügend entwickelten neuen Theorie rekonstituiert, so wird das allgemeine Prinzip aufgestellt, es wird diskutiert und bewiesen. Hierauf gelangt man durch eine ausgedehnte Folge von Arbeiten dazu, für alle Gebiete der Wissenschaft Zusammenhänge herzustellen, welche niemand ursprünglich zu erdenken fähig gewesen wäre, selbst nicht derEntdecker dieses Prinzipes. So ist beispielsweise nach *Newtons* Entdeckung des allgemeinen Gravitationsgesetzes mehr als ein Jahrhundert sehr schwieriger Arbeiten seitens aller Geometer Europas erforderlich gewesen, um der physischen Astronomie die Konstitution zu geben, welche aus diesem Gesetze folgen mußte. In der Technik ist es ebenso. Um nur ein einziges Beispiel anzuführen: nachdem die elastische Kraft des Wasserdampfes als neuer Motor entdeckt worden war, der sich auf Maschinen anwenden ließ, hat es gleichfalls annähernd ein Jahrhundert gebraucht, um jene industriellen Reformen durchzuführen, welche die unmittelbarsten Folgen dieser Erfindung waren. Wenn dies offenbar der notwendige und unvermeidliche Gang des menschlichen Geistes in den Revolutionen ist, welche trotz ihrer Bedeutung und Schwierigkeit sich doch nur auf einzelne Gebiete beziehen, wie frivol muß daher das überhebliche Verfahren erscheinen, welches bisher bei der allgemeinsten, wichtigsten und schwierigsten Revolution von allen befolgt worden ist, nämlich bei der vollständigen Neugestaltung des sozialen Systems!

Geht man von diesen indirekten aber entscheidenden Vergleichen zu direkten über, so ergibt sich dasselbe Resultat. Man studiere die Gründung des feudaltheologischen Systems, eine Revolution von durchaus derselben Beschaffenheit wie die der gegenwärtigen Zeit. Die Bildung dieses Systems hat sich durchaus nicht auf einen Schlag vollzogen, denn es hat seine eigene und endgültige Form erst im 11. Jahrhundert angenommen, d. h. mehr als fünf Jahrhunderte nach dem allgemeinen Sieg der christlichen Lehre im westlichen Europa und nachdem die nordischen Völker sich vollständig im Westen eingerichtet hatten. Es ist unmöglich, zu denken, daß irgendein genialer Mensch im 5. Jahrhundert imstande gewesen wäre, den Plan dieser Konstitution in seinen Einzelheiten zu entwickeln, obwohl das Grundprinzip, von dem sie nur eine notwendige Ausgestaltung ist, damals bereits sowohl in weltlicher wie in geistlicher Beziehung vollkommen festgestellt war. Zweifellos wird sich künftig die gesamte Organisation des neuen Systems wegen des Fortschrittes der Aufklärung und wegen seiner natürlicheren und einfacheren Grundlage mit viel größerer Geschwindigkeit vollziehen. Da aber der Gang der Gesellschaft notwendig stets im Grunde derselbe bleibt, indem er auf der permanenten Natur der menschlichen Beschaffenheit beruht und nur in bezug auf seine Geschwindigkeit wechselt, so zeigt doch jenes große Experiment nicht minder, wie absurd es ist, bis in das kleinste Detail einen vollständigen Plan der sozialen Reorganisation improvisieren zu wollen.

Wenn es nötig wäre, diesen Schluß noch weiter zu bestätigen, so könnte dies durch die Beobachtung der Weise geschehen, wie sich die von den Völkern aufgenommene *kritische* Lehre entwickelt und ausgebreitet hat. Diese Lehre ist offenkundig nur die allgemeine Entwicklung und vollständige Anwendung des *persönlichen Rechtes der Kritik*, welches im Prinzip durch den Protestantismus festgestellt worden ist. Nun sind aber nach der Aufstellung dieses Prinzips etwa zwei Jahrhunderte nötig gewesen, um alle wichtigen Folgerungen daraus abzuleiten und um die Theorie auszubilden. Zweifellos hat der Widerstand des feudal-theologischen Systems viel zu der Langsamkeit dieser Entwicklung beigetragen. Aber es ist nicht weniger klar, daß er nicht die einzige Ursache gewesen ist und daß diese Langsamkeit zum großen Teil durch die Natur der Arbeit selbst bedingt war. Wenn dies nun wahr ist für eine bloß kritische Lehre, so muß es aus noch viel stärkeren Gründen wahr sein für eine wirklich organische Lehre.

Aus dieser ersten Reihe von Betrachtungen muß man somit schließen, daß die Völker die große Arbeit der sozialen Reorganisation bisher überhaupt noch nicht begriffen haben.

13. Die beiden Arten der notwendigen Arbeiten

Will man genauer bestimmen, in welchem Punkte die Natur dieser Arbeit verkannt worden ist, so findet man den Fehler darin, daß man eine wesentlich *theoretische* Aufgabe als eine einfach *praktische* angesehen hat.

Die Entwicklung irgendeines Planes für die soziale Organisation bedingt notwendig zwei Arten von Arbeiten, die in bezug auf ihren Gegenstand durchaus verschieden sind und deshalb auch ganz verschiedene Fähigkeiten erfordern. Die einen, die theoretischen oder geistigen, haben zum Gegenstand, die Grundidee des Planes zu entwickeln, d. h. das neue Prinzip aufzustellen, nach welchem die sozialen Beziehungen geordnet werden sollen. Im übrigen ist die Bildung des allgemeinen Gedankensystems zu bewerkstelligen, welches zur Führung der Gesellschaft bestimmt ist. Die andere, praktische oder weltliche Aufgabe bestimmt die Austeilung der Gewalten und die Gesamtheit der verwaltenden Institutionen*, die dem Geist des Systems möglichst entsprechen, wie es durch die theoretischen Arbeiten festgestellt worden ist. Da die zweite Reihe der Arbeiten auf der ersten beruht, deren Konsequenz und Verwirklichung sie sind, so muß unbedingt die allgemeine Untersuchung vorausgehen. Sie ist die eigentliche Seele der Arbeit, ihr wichtigster und schwierigster Teil, obwohl im Grunde nur eine Vorarbeit.

Durch den Umstand, daß sie diese grundlegende Einteilung nicht angenommen haben, oder mit anderen Worten dadurch, daß sie ihre Aufmerksamkeit ausschließlich auf den praktischen Teil gerichtet haben, sind die Völker auf natürlichem Wege dazu geführt worden, die soziale Organisation nach jener falschen Doktrin aufzufassen, welche in den vorangegangenen Kapiteln gekennzeichnet worden ist. Alle ihre Irrtümer sind die Folgen dieses großen Grundfehlers. Man kann die Folge desselben leicht nachweisen.

Unmittelbar ergab sich aus dieser Mißachtung des natürlichen Gesetzes des menschlichen Geistes, daß die Völker, während sie ein neues soziales System zu konstruieren glaubten, im alten System gefangen blieben. Das war unvermeidlich, da der Zweck und der Sinn des neuen Systems nicht bestimmt war. Und es wird immer so bleiben, bis diese unumgängliche Vorbedingung erfüllt sein wird.

14. Zweck der sozialen Organisation

Jedes soziale System, sei es für eine Handvoll Menschen oder für viele Millionen bestimmt, hat den ausgesprochenen Zweck, die Betätigung aller einzelnen Kräfte nach einem allgemeinen

* [Comte verwendet den Begriff »Institution« in einem Sinne, der im heutigen Wortgebrauch dem der »Struktur« und der »Organisation« entspricht. Veränderung der »Institutionen« bedeutet also bei Comte Veränderung der Strukturen in Organisationen und Verbänden, nicht des allgemeinen Glaubens- und Normsystems. Heute wird der Begriff »Institution« verwendet, um allgemein geltende, für die Erhaltung des sozialen Systems strategisch wichtige Wert- und Normsysteme, also Bestandteile des »kulturellen Systems« zu kennzeichnen. Vgl. »Institution«, »Struktur«, in: René König (Hrsg.), Soziologie, Fischer-Lexikon, Frankfurt 1968; Anm. d. Hrsg.]

Ziel zu richten. Denn eine *Gesellschaft* besteht nur dort, wo eine allgemeine und verbundene Tätigkeit vorhanden ist. Unter jeder anderen Voraussetzung besteht nur eine Ansammlung einer gewissen Zahl von Individuen auf dem gleichen Boden. Hierin liegt der Unterschied der menschlichen Gesellschaft von den Gesellschaften der anderen Tiere, welche in Herden leben.

Aus dieser Betrachtung ergibt sich, daß die klare und genaue Bestimmung des *Zweckes der Betätigung* die erste und wichtigste Bedingung für eine wirkliche soziale Ordnung ist, da sie den Sinn bestimmt, in welchem das ganze System gestaltet werden soll.

Andererseits gibt es nur zwei mögliche Zwecke der Betätigung für eine Gesellschaft, wie zahlreich sie auch sei, ebenso wie das isolierte Individuum nur diese zwei Zwecke hat. Es handelt sich entweder um eine gewaltsame Einwirkung auf den übrigen Teil des Menschengeschlechtes, d. h. die *Eroberung,* oder um eine Wirkung auf die Natur, um sie zum Vorteil des Menschen abzuändern, d. h. die *Produktion.* Jede Gesellschaft, welche nicht klar für den einen oder anderen dieser Zwecke organisiert ist, wäre nur ein Zwitterding ohne Charakter. Der militärische Zweck war der des alten Systems, der industrielle Zweck ist der des neuen.

Der erste Schritt zur sozialen Reorganisation ist daher die Proklamation dieses neuen Zweckes. Da man dies unterlassen hat, ist man noch nicht aus dem alten System herausgekommen, selbst dort, wo man sich am meisten von ihm zu entfernen geglaubt hat. Nun ist es klar, daß diese erstaunliche Lücke in unseren sog. Konstitutionen daher rührt, daß man Einzelheiten hat organisieren wollen, bevor die Gesamtheit des Systems erfaßt war. Sie rührt mit anderen Worten daher, daß man sich ausschließlich mit dem verwaltungstechnischen Teil der Reorganisation beschäftigt hat, ohne den theoretischen durchzuarbeiten, ja ohne überhaupt daran zu denken, ihn in Angriff zu nehmen.

Es ist eine notwendige Konsequenz dieses Grundirrtums, daß man bloße Modifikationen für vollständige Umwälzungen angesehen hat. Die Grundlage ist tatsächlich unberührt geblieben. Alle Abänderungen haben sich nur auf die Formen bezogen. Man hat sich ausschließlich damit beschäftigt, die alten Gewalten zu unterteilen und sie in den verschiedenen Gebieten einander entgegenzustellen. Die auf diesen Gegenstand gerichteten Diskussionen wurden und werden als der Gipfelpunkt der Politik betrachtet, während sie nur höchst untergeordnete Einzelheiten derselben sind. Die Aufgaben der Gesellschaft, die Natur ihrer Gewalten wurden angesehen, als wären sie stets die gleichen.

15. Weltliche und geistliche Gewalt

Es ist außerdem wichtig zu bemerken, daß die Diskussionen über die Teilung der Gewalt (die einzigen, mit denen man sich beschäftigt hat) infolge einer anderen Konsequenz des ursprünglichen Irrtums so oberflächlich wie möglich geblieben sind. Denn man hat die fundamentale Teilung zwischen der geistigen und der weltlichen Macht ganz aus dem Auge verloren, die doch der wichtigste Fortschritt war, den das alte System in die allgemeine Politik eingeführt hat. Da die Aufmerksamkeit ausschließlich auf die praktische Seite der sozialen Reorganisation gerichtet blieb, so gelangte man natürlich auf das Monstrum einer *Konstitution ohne geistige Gewalt*, welches, falls es überhaupt sich dauerhaft erweisen könnte, einen wahren und enormen Rückschritt zur Barbarei bedeuten würde. Alles hatte nur Beziehung auf die weltliche Verwaltung. Man hat nicht begriffen, daß die Teilung in gesetzgebende und ausübende Gewalt nur eine Unterteilung ist. Dadurch, daß die Völker ihren Geist ausschließlich auf die Abänderung des feudal-theologischen Systems gerichtet hatten, sind sie notwendigerweise dahin geführt worden, die *kritischen* Prinzipien, welche zum Kampfe gegen das alte System gedient hatten, nachdem dessen Verfall merklich geworden war und deren Zweck dessen Abänderung war, als *organische* anzusehen. Man darf nicht versäumen, diesbezüglich zu bemerken, wie die Völker gerade dadurch, daß sie bei der allgemeinen Reorganisationsarbeit die Teilung in den theoretischen und den praktischen Teil übersehen hatten, unbewußt die Unumgänglichkeit dieses Gesetztes erwiesen, das durch die unerschütterliche Natur der Dinge gegeben ist, indem sie ihm bei ihren Versuchen zur Modifikation des alten Systems gehorchten.
Dies ist die notwendige Reihe der Folgen des Grundirrtums, daß man die wesentlich theoretische Arbeit der sozialen Reorganisation als rein praktisch angesehen hatte. Auf solche Weise sind die Völker stufenweise dazu geführt worden, als ein wahr-

haft neues und durch den Fortschritt hervorgebrachtes soziales System etwas anzusehen, was nichts ist als das alte System, das durch die kritische Lehre alles dessen beraubt war, worin seine Kraft bestand, wodurch es auf den elenden Zustand eines fleischlosen Skelettes reduziert worden war. Dies ist die wahrhafte Ursache der fundamentalen Irrtümer, welche in dem vorigen Kapitel beschrieben worden sind.
Da das Bedürfnis nach einer wirklichen Reorganisation sich stets geltend macht und sich unvermeidlich geltend machen wird, bis es befriedigt ist, so bleibt der Geist der Völker beunruhigt und erschöpft sich darin, neue Kombinationen zu suchen. Nun werden sie durch ein unbeugsames Geschick in dem engen Kreise festgehalten, in welchen ihr fehlerhafter Weg sie ursprünglich geführt hat und aus dem die Kultur sie vergebens herauszutreiben sucht. In immer neuen Modifikationen des alten Systems, d. h. in noch weitergehenden Anwendungen der kritischen Lehre glauben sie das Ziel ihrer Anstrengung finden zu können. So gehen die Völker von einer Abänderung zur anderen, indem sie mehr und mehr das feudaltheologische System zerstören, ohne es jemals durch ein anderes zu ersetzen, mit großen Schritten einer vollkommenen Anarchie entgegen, als dem einzigen natürlichen Endpunkt eines solchen Weges.

16. Notwendigkeit der Arbeitsteilung

Dieses Ergebnis beweist klar die dringende und unvermeidliche Notwendigkeit, für die große Arbeit der sozialen Reorganisation den Weg einzuschlagen, welcher so klar durch die Natur des menschlichen Geistes vorgeschrieben ist. Dies ist das einzige Mittel, den unglückbringenden Konsequenzen zu entgehen, von denen die Völker bedroht sind, solange sie einen anderen Weg wandern.
Da diese Behauptung grundlegend ist, weil sie die wahre Richtung der großen politischen Arbeiten bestimmt, die heute unternommen werden müssen, so kann man sie nicht genug ins Licht setzen. Es ist deshalb nützlich, zusammenfassend die philosophischen Betrachtungen zu wiederholen, auf denen sie beruht, obwohl man sie als genügend bewiesen ansehen könnte durch die Prüfung, welche soeben bezüglich des falschen Weges durchgeführt worden ist, dem die Völker bisher gefolgt sind.
Es ist wenig ehrenvoll für den menschlichen Verstand, daß man

bezüglich der allgemeinsten und schwierigsten Unternehmung genötigt ist, methodisch die Notwendigkeit einer Arbeitsteilung zu beweisen, welche doch heutzutage allgemein als unumgänglich für weit weniger verwickelte Fälle anerkannt ist. Man gibt als eine elementare Wahrheit zu, daß die Leitung irgendeiner Fabrik, die Konstruktion eines Weges, einer Brücke, die Führung eines Schiffes usw. nur auf Grund vorangegangener theoretischer Kenntnisse betrieben werden kann. Und man will, daß die Reorganisation der Gesellschaft eine Angelegenheit einer bloßen Praxis bleibe, die man Praktikern anvertrauen könnte!

Jede vollkommene menschliche Handlung von der einfachsten bis zu der verwickeltsten, ob sie von einem einzelnen Individuum oder von irgendeiner Gemeinschaft ausgeführt wird, besteht unvermeidlich aus zwei Teilen. Sie gibt mit anderen Worten Anlaß zu zwei Arten der Erwägung, einer theoretischen und einer praktischen, der Planung und der Ausführung. Notwendigerweise geht der erste Teil dem zweiten voraus, da er ihn zu leiten bestimmt ist. Mit anderen Worten, es tritt niemals eine Handlung ein ohne vorhergegangene Überlegung. In jeder noch so handwerksmäßig erscheinenden Tätigkeit kann diese Teilung nachgewiesen werden, und der Unterschied besteht nur darin, ob die Theorie gut oder übel entworfen ist. Der Mensch, der in irgendeiner Sache behauptet, daß er sich nicht durch Theorien leiten läßt, tut bekanntlich nichts anderes, als daß er nur die theoretischen Fortschritte seiner Zeitgenossen nicht anerkennt und dafür längst veraltete inzwischen durch jene verdrängte Theorien benutzt. So ergeben sich beispielsweise diejenigen, welche stolz behaupten, daß sie nicht an die Medizin glauben, mit törichtem Eifer der gröbsten Scharlatanerie.

In der ersten Kindheit des menschlichen Geistes wurden die theoretischen und praktischen Arbeiten bei allen einzelnen Arbeiten durch dieselbe Person ausgeführt, was indessen nicht verhindert, daß sie auch damals verschieden waren, wenn auch ihre sehr wirkliche Verschiedenheit weniger in die Augen fiel. Frühzeitig aber haben sich diese beiden Arten der Arbeit zu trennen begonnen, da sie Fähigkeiten und Kenntnisse verschiedener Art beanspruchen, die in gewissem Sinne entgegengesetzt sind. In dem Maße wie die kollektive und individuelle Intelligenz des Menschengeschlechtes sich entwickelt hat, wird diese Teilung deutlicher und allgemeiner und bildet ihrerseits eine Quelle neuer Fortschritte. Man kann tatsächlich unter diesem philosophischen Gesichtspunkt den Kulturgrad eines Volkes an der Stufe messen, bis zu welcher die Trennung zwischen Theorie und Praxis fortgeführt worden ist, unter gleichzeitiger Berücksichtigung der Stufe der Verbindung, welche zwischen beiden besteht. Denn das große Mittel der Kultur ist die Trennung der Arbeiten und die Verbindung der Ausführungsbetätigung.

Durch den definitiven Sieg des Christentums wurde die Trennung zwischen Theorie und Praxis regelmäßig und vollständig für die allgemeinen Handlungen der Gesellschaft durchgeführt, wie sie es bereits für alle persönlichen Handlungen war. Sie wurde belebt und gefestigt durch die Schaffung einer geistlichen Gewalt, welche verschieden und unabhängig von der weltlichen war. Sie stand mit dieser in der Beziehung, welche für eine theoretische Autorität gegenüber einer praktischen notwendig ist, entsprechend natürlich dem besonderen Charakter des alten Systems. Dieser große und schöne Gedanke war die wesentliche Ursache der bewundernswürdigen Kraft und Ausdauer, welche das feudal-theologische System in seiner Glanzzeit auszeichneten. Der unvermeidliche Fall des Systems hat gegenwärtig jene wichtige Teilung der Funktionen aus dem Gesichtsfelde verschwinden lassen. Die oberflächliche kritische Philosophie des letzten Jahrhunderts verkannte ihren Wert. Aber es ist einleuchtend, daß sie sorgfältig erhalten werden muß und mit ihr all die anderen Erwerbungen, welche der menschliche Geist unter dem Einfluß des alten Systems gemacht hat und welche nicht mit diesem zugrunde gehen sollten. Diese Teilung muß in erster Linie auch in dem System betätigt werden, das heute errichtet werden soll. Es müssen geistige und weltliche Gewalten anderer Natur geschaffen werden, denn die Gesellschaft sollte doch ohne Zweifel im 19. Jahrhundert nicht weniger vollkommen organisiert sein, wie sie es im 11. Jahrhundert war.*

Wenn man die Notwendigkeit der Teilung zwischen theoretischen und praktischen Arbeiten für die täglichen gewöhnlichen politischen Vorgänge anerkennen muß, mit wieviel besserem

* Diese große Frage der Teilung der geistigen und weltlichen Gewalt wird später den Gegenstand einer besonderen Arbeit bilden.

Grund muß nicht diese Teilung, deren Grund hauptsächlich in der Schwäche des menschlichen Geistes liegt, für die enorme Arbeit der vollkommenen Reorganisation der Gesellschaft als unumgänglich anerkannt werden. Sie ist die erste Bedingung, um diese große Frage auf die einzige Art zu behandeln, welche ihrer Bedeutung entspricht.

17. Beispiele

Dasselbe, was die philosophische Betrachtung erkennen läßt, wird durch die unmittelbare Erfahrung bestätigt. Keinerlei wichtige Neuerung ist jemals in die Gesellschaft eingeführt worden, ohne daß Arbeiten bezüglich ihrer begrifflichen Gestaltung denen vorausgegangen wären, welche sie unmittelbar zu betätigen bestimmt waren, um diesen letzteren gleichzeitig als Führer und als Grundlage zu dienen. Die gegenwärtige Geschichte weist in dieser Beziehung zwei entscheidende Erfahrungen nach.

Die erste bezieht sich auf die Bildung des theologisch-feudalen Systems, ein Vorgang, der heute für uns eine unerschöpfliche Quelle der Belehrung sein sollte. Die Gesamtheit der Institutionen, durch welche dieses System sich im 11. Jahrhundert vollständig ausgebildet hatte, war offenkundig vorbereitet worden durch die theoretischen Arbeiten, welche in den vorangegangenen Jahrhunderten über den Geist dieses Systems durchgeführt worden waren und welche mit der Ausarbeitung der Theorie des Christentums durch die Schule von Alexandria beginnen. Die Errichtung des päpstlichen Stuhles als höchste europäische Autorität war die notwendige Folge der vorangegangenen Entwicklung der christlichen Lehre. Die allgemeine Institution des Feudalismus, die auf der gegenseitigen Beziehung von Gehorsam und Schutz zwischen dem Starken und dem Schwachen begründet war, war ihrerseits nichts als die Anwendung dieser Lehre auf die Regelung der sozialen Beziehungen in dem damaligen Kulturzustande. Wer erkennt nicht, daß weder die eine noch die andere Gründung möglich gewesen wäre, ohne die vorausgegangene Entwicklung der christlichen Theorie? Die zweite Erfahrung, die noch viel greifbarer ist, weil sie sich fast unter unseren Augen befindet, bezieht sich auf den Gang der Abänderungen, welche seitens der Völker an dem alten System seit dem Beginn der gegenwärtigen Krisis angebracht worden sind. Es ist klar, daß sie ausschließlich auf den Entwicklungen und der Systematik beruhen, welche die kritischen Prinzipien durch die Philosophie des 18. Jahrhunderts erhielten. Diese Arbeiten weisen, wenn sie auch wegen ihrer kritischen Beschaffenheit als untergeordnet angesehen werden müssen, so deutlich den theoretischen Charakter auf, sind so scharf unterschieden von den praktischen Arbeiten, die auf sie folgten, daß kein einziger von den Männern, welche sich an ihnen beteiligt hattten, imstande war, sich auch nur einigermaßen klar und umfassend die Änderungen vorzustellen, welche sie in der folgenden Generation hervorrufen mußten. Diese Erwägung muß sich jedem aufdrängen, der aufmerksam jene Arbeiten mit den praktischen Vorgängen vergleicht, welche auf sie gefolgt sind. Und wenn man versucht, aus den Schriften und Reden der begabtesten Männer, welche die Arbeiten an unserer sog. Konstitution geleitet haben, die Gedanken fortzulassen, welche den Philosophen des 18. Jahrhunderts unmittelbar entnommen waren, so wird man sehen, wie wenig übrig bleibt.

III. Die Reorganisation der geistigen Gewalt

18. Reorganisation der geistigen Gewalt

Untersuchen wir die Frage, welche uns hier beschäftigt, unter dem geschichtlichen Gesichtspunkt, so kann sie leicht durch die nachfolgenden Betrachtungen beantwortet werden, welche hier nur angedeutet werden sollen, da sie an anderer Stelle ausführlich entwickelt werden.

Die Gesellschaft ist heute desorganisiert, sowohl in geistiger wie in weltlicher Beziehung. Die geistige Anarchie ist der weltlichen vorausgegangen und hat sie hervorgerufen. Selbst heute beruht das soziale Mißbehagen sehr viel mehr auf der ersten Ursache als auf der zweiten. Andererseits beweist die aufmerksame Untersuchung des Entwicklungsganges der Kultur, daß die geistige Reorganisation der Gesellschaft gegenwärtig besser vorbereitet ist als die weltliche. Somit muß die erste Reihe von unmittelbaren Anstrengungen zum Abschluß der revolutionären Epoche zum Gegenstande die *Reorganisation der geistigen Gewalt haben*, während bis jetzt die Aufmerksamkeit sich ausschließlich auf die Neugestaltung der weltlichen Macht gerichtet hatte.

Aus all den vorangegangenen Betrachtungen muß man offenkundig die absolute Notwendigkeit schließen, die theoretischen Arbeiten der sozialen Reorganisation, welche die gegenwärtige Zeit verlangt, von den praktischen zu trennen, d. h. die Arbeiten, welche sich auf den neuen Geist der sozialen Ordnung und auf das System der allgemeinen Gedanken beziehen, welche ihr entsprechen müssen, getrennt von denen zu planen und auszuführen, welche zum Gegenstand das System der sozialen Verhältnisse und der Verwaltungstechnik haben, welches die Folge jenes ersten ist. Man kann nichts Wesentliches und Solides im praktischen Gebiet ausführen, solange der theoretische Teil nicht feststeht oder mindestens sehr weit vorgeschritten ist. Anders vorgehen würde heißen, ohne Fundament bauen und den grundlegenden Irrtum fortführen, welcher von den Völkern begangen worden ist und welcher sich als die erste Quelle aller ihrer Verirrungen erwiesen hat, als das Hindernis, welches vor allem beseitigt werden muß, damit der Wunsch, die Gesellschaft auf eine Weise reorganisiert zu sehen, die dem gegenwärtigen Zustand unserer Kenntnisse entspricht, endlich verwirklicht werden kann.

19. Die neuen Träger der geistigen Gewalt. Wer es nicht sein kann

Nachdem auf solche Weise die Beschaffenheit der vorläufigen Arbeiten festgestellt worden ist, welche für die Organisation des neuen sozialen Systems ausgeführt werden müssen, damit dieses auf eine solide Grundlage gestellt werden kann, fällt es leicht, die sozialen Kräfte zu bestimmen, welche diese wichtige Aufgabe erfüllen müssen. Dies bleibt noch übrig anzugeben, nachdem der Plan der zu leistenden Arbeiten dargelegt worden ist.

Da nunmehr bewiesen ist, daß die Art, nach welcher die Völker bisher in der Gestaltung ihrer Reorganisationspläne vorgegangen sind, von Grund aus falsch ist, wäre es zweifellos überflüssig, noch großen Nachdruck auf den Umstand zu legen, daß die Männer, denen diese große Arbeit anvertraut worden ist, für sie vollkommen inkompetent waren. Es ist tatsächlich klar, daß das eine nur die unvermeidliche Folge vom anderen ist. Da die Völker die Natur der Arbeit verkannt hatten, konnten sie nicht anders als sich in der Wahl der Männer irren, die sie zur Ausführung beriefen. Gerade der Umstand, daß diese Männer für die Arbeit geeignet waren, welche die Völker ihnen gaben, beweist, daß sie nicht geeignet sein konnten, sie in solcher Gestalt auszuführen, wie sie hätte gemacht werden müssen. Die Unfähigkeit dieser Beauftragten oder vielmehr ihre Inkompetenz ist daher gewesen, wie sie sein mußte, denn niemand paßt für zwei völlig entgegengesetzte Tätigkeiten.

Es war vorwiegend die Klasse der *Rechtsgelehrten*, aus der man die Männer für die Leitung der Arbeit an den sog. Konstitutionen berufen hat, welche die Völker seit 30 Jahren ausgearbeitet haben. Die Natur der Sache, wie sie bisher aufgefaßt wurde, hat ihnen naturgemäß diese Funktion zugeschoben.

Denn da es sich bisher für die Völker nur darum gehandelt hatte, das alte System abzuändern und da die kritischen Prinzipien, welche zur Leitung dieser Abänderungen bestimmt waren, vollständig bekannt waren, so mußte sich die Eloquenz als die wichtigste Eigenschaft erweisen, die bei dieser Arbeit in Betracht kam. Und bei den Juristen ist diese Eigenschaft gewohnheitsmäßig entwickelt. Obwohl sie nur von untergeordneter Beschaffenheit ist, weil ihr Zweck sich ausschließlich darauf beschränkt, eine gewisse Meinung zum Sieg zu führen, ohne eine Teilnahme an ihrer Gestaltung und Untersuchung zuzulassen, so ist sie aus eben diesem Grunde sogar außerordentlich für deren Verbreitung geeignet. Die Juristen haben allerdings nicht die Prinzipien der kritischen Lehre aufgestellt; dies waren vielmehr die Metaphysiker, welche im übrigen in geistiger Beziehung die Klasse darstellen, der die Juristen in weltlicher Beziehung entsprechen. Aber durch die Juristen sind diese Prinzipien verbreitet worden. Von ihnen ist die politische Szene hauptsächlich während der ganzen Dauer des unmittelbaren Kampfes gegen das feudal-theologische System eingenommen worden. Ihnen mußte deshalb naturgemäß die Leitung der Abänderungen zufallen, welche in dieses System gemäß der kritischen Lehre eingeführt werden sollten, da sie allein die Übung in deren Handhabung hatten.

So kann es natürlich nicht sein bei den wahrhaft organischen Arbeiten, deren Notwendigkeit oben erwiesen worden ist. Es handelt sich nicht mehr um Beredsamkeit, d. h. um die Fähigkeit der Überredung, sondern um Überlegung; d. h. die Fähigkeit der Prüfung und der Zusammenordnung. Gerade durch den Umstand, daß die Juristen gewöhnlich die fähigsten Menschen in jener Beziehung sind, sind sie die unfähigsten in dieser. Hat man es sich zum Beruf gemacht, die Mittel zu handhaben, um zu irgendeiner Meinung zu überreden, so wird man um so unfähiger sein, eine Theorie nach ihren wahren Prinzipien aufzustellen, je mehr man sich durch Übung eine Geschicklichkeit in jener Art der Tätigkeit erworben hat.

Es handelt sich somit hier nicht um eine eitle Frage der Eigenliebe, sondern alles reduziert sich auf das notwendige und ausschließliche Verhältnis, welches zwischen jeder Art der Fähigkeit und der entsprechenden Arbeit besteht. Die Juristen haben die Ausgestaltung des Reorganisationsplanes geleitet, solange dieser im völlig falschen Sinne aufgefaßt war. Sie haben dort getan, was sie tun mußten. Sie hatten den Auftrag, zu ändern und zu kritisieren, und sie haben geändert und kritisiert. Es wäre ungerecht, ihnen Fehler bezüglich der Richtung einer Betätigung vorzuwerfen, welche sie nicht gewählt hatten und welche zu verbessern ihnen nicht zukam. Ihr Einfluß ist nützlich, ja unentbehrlich gewesen, soweit es die Richtung war, aber man muß gleichzeitig zugeben, daß dieser Einfluß aufhören muß, sobald eine ganz andere Richtung maßgebend wird. Es ist sicherlich sehr absurd, die Reorganisation der Gesellschaft durchführen zu wollen, indem man sie als eine rein praktische Angelegenheit auffaßt, bevor irgendeine der notwendigen theoretischen Arbeiten vorher durchgeführt ist. Aber es ist eine noch viel größere Absurdität, wenn man die wunderliche Hoffnung hegen wollte, eine wahre Organisation werde sich durch eine Versammlung von Rednern bewerkstelligen lassen, denen jede theoretische positive Idee fern ist und welche ohne irgendeine bestimmte Bedingung bezüglich ihrer Befähigung von Menschen gewählt worden sind, die zum größten Teil noch viel inkompetenter waren.*

20. Die neuen Träger der geistigen Gewalt; wer es sein muß
Die Natur der auszuführenden Arbeiten deutet von selbst auf das klarste an, welcher Klasse der Gesellschaft sie zu übergeben ist. Da die Arbeiten *theoretisch* sind, so ist es klar, daß diejenigen Männer, deren Beruf es ist, theoretische Kombinationen in methodischer Konsequenz auszuführen, *d. h. die Gelehrten, welche sich in den beobachtenden Wissenschaften betätigen*, sich als die einzigen erweisen, deren besondere Begabung und intellektuelle Bildung den erforderlichen Bedingungen genügen. Es wäre offenbar unsinnig, falls das dringendste Bedürfnis der Gesellschaft eine allgemeine Arbeit von höchster Wichtigkeit und Schwierigkeit erfordert, diese Arbeit nicht durch die

* Ich bin weit entfernt, aus den vorangegangenen Betrachtungen zu schließen, daß die Klasse der Juristen heute ihre politische Tätigkeit aufgeben soll. Ich habe nur feststellen wollen, daß die politische Tätigkeit ihren Charakter ändern muß. Nach den eben dargelegten Gründen fordert der gegenwärtige Zustand der Gesellschaft, daß die geistige Oberleitung nicht mehr den Juristen übergeben bleibt. Doch sind diese darum nicht weniger nach ihrer Natur berufen, in sehr wichtigen Beziehungen die allgemeine neue Richtung zu unterstützen, nachdem diese durch andere ermittelt worden ist. Zunächst werden sie wegen ihrer Fähigkeit der Überredung und wegen der Gewohnheiten, die sie mehr als jede andere Klasse haben, sich auf den politischen Standpunkt zu stellen, seinerzeit mächtig dazu beitragen, daß die organische Lehre angenommen wird. Zweitens besitzen die Juristen und namentlich die unter ihnen, welche ein vertieftes Studium des positiven Rechtes getrieben haben, ausschließlich die Fähigkeit der *Verwaltung*, welche eine der großen notwendigen Fähigkeiten für die Bildung des neuen sozialen Systems ist und welche alsbald in Wirksamkeit gesetzt werden muß, nachdem der rein geistige Teil der allgemeinen Reorganisationsarbeit beendet oder auch nur genügend vorgeschritten ist.

größten intellektuellen Kräfte leisten zu lassen, welche vorhanden sind, nämlich durch diejenigen, deren Arbeitsmethode allgemein als die beste anerkannt ist. Zweifellos gibt es in den anderen Gebieten der menschlichen Gesellschaft Männer, die in theoretischer Fähigkeit der Mehrzahl der Gelehrten gleich oder sogar überlegen sind, denn die tatsächliche Einordnung der einzelnen Klassen ist weit davon entfernt, überall der natürlichen und physiologischen Klassifikation zu entsprechen. Aber bei einer so wesentlichen Arbeit muß man die Klassen in Betracht ziehen und nicht die einzelnen Personen. Übrigens stellt auch bei diesen nur ihre *Erziehung*, d. h. das System der intellektuellen Gewohnheiten, welche aus dem Studium der Beobachtungswissenschaften sich ergibt, den einzigen Weg dar, auf dem in angemessener Weise ihre natürliche theoretische Begabung entwickelt werden kann. Mit einem Wort, jedesmal, wenn die Gesellschaft nach irgendeiner besonderen Richtung theoretische Arbeiten braucht, muß sie anerkannterweise sich an die entsprechende Gruppe der *Gelehrten* wenden. Somit ist die Gesamtheit der *wissenschaftlichen* Körperschaft berufen, die theoretischen allgemeinen Arbeiten zu leiten, deren Notwendigkeit soeben nachgewiesen worden ist.*

* Wir verstehen hier unter den *Gelehrten* entsprechend dem gewöhnlichen Sprachgebrauch die Männer, welche, ohne ihr Leben der speziellen Pflege einer bestimmten Beobachtungswissenschaft zu widmen, über die Fähigkeit wissenschaftlichen Denkens verfügen und der Gesamtheit der positiven Wissenschaft ein hinreichend vertieftes Studium gewidmet haben, um sich mit ihrem Geist zu erfüllen und sich mit den hauptsächlichsten Gesetzen der natürlichen Erscheinungen vertraut gemacht zu haben. Zweifellos bleibt dieser Klasse von Gelehrten, welche gegenwärtig allerdings nur allzu klein ist, die wesentliche Arbeit bei der Ausgestaltung der neuen sozialen Lehre vorbehalten. Die anderen Gelehrten sind zu tief in ihren besonderen Forschungen versunken und auch zu sehr mit fehlerhaften intellektuellen Gewohnheiten behaftet, welche von dieser Spezialisierung herrühren, als daß sie bei der Grundlegung der politischen Wissenschaften wahrhaft tätig sein könnten. Doch werden sie nichtsdestoweniger bei dieser großen Begründung eine sehr wichtige, wenn auch passive Funktion erfüllen, nämlich natürliche Richter der Arbeit zu sein. Die von den Männern der neuen philosophischen Richtung erhaltenen Resultate werden nur so weit Wert und Einfluß haben, als sie von den Spezialgelehrten angenommen werden, die sie als vom gleichen Charakter wie ihre gewohnten Arbeiten anerkennen werden. Ich habe diese Erklärung geben zu müssen geglaubt, um einem Einwand zu begegnen, welcher sich natürlich dem Geist der meisten Leser darbieten wird. Im übrigen ist offenbar diese Unterscheidung zwischen dem Teil der wissenschaftlichen Klasse, welcher aktiv, und dem Teil, welcher bloß passiv bei der Ausarbeitung der organischen Lehre bleiben muß, ganz und gar senkundär und beeinflußt auf keine Weise die fundamentale Darlegung im Text.

Im übrigen wird die Natur der Sache, wenn man sie angemessen befragt, in dieser Beziehung jeden Irrtum vermeiden lassen. Denn sie verbietet unbedingt die Freiheit der Wahl, da sich unter mehreren und verschiedenen Gesichtspunkten die Klasse der Gelehrten als die einzige ergibt, welche die theoretische Arbeit der sozialen Reorganisation tatsächlich ausführen kann.

In dem zu errichtenden System wird somit die geistige Führung in den Händen der Gelehrten liegen. Die weltliche Macht wird ihrerseits den Chefs der *industriellen* Arbeiten zukommen. Diese beiden Gewalten müssen daher naturgemäß vorangehen, um dieses System zu gestalten, ebenso wie sie, nachdem es hergestellt worden ist, seine tägliche Anwendung leiten werden gemäß der überwiegenden Wichtigkeit der Arbeit, welche gegenwärtig auszuführen ist. In dieser Arbeit gibt es einen geistigen Teil, welcher zuerst ausgeführt werden muß und einen weltlichen, welcher hernach dazu gelangt. Es kommt den Gelehrten zu, die erste Reihe der Arbeiten zu beginnen und den bedeutendsten Industriellen, auf den Grundlagen, die jene gelegt haben werden, das System der Verwaltung zu organisieren. Dies ist der einfache Weg, welchen die Natur der Dinge uns anweist, die uns lehrt, daß dieselben Klassen, welche in dem neuen System die Elemente der Macht bilden sollen und welche eines Tages an ihre Spitze gestellt werden müssen, allein die Fähigkeit besitzen, dies System zu errichten. Denn sie sind die einzigen, welche dessen Geist klar erfassen können, und sind auch andererseits die einzigen, welche durch die vereinigte Wirkung ihrer Gewohnheiten und ihrer Interessen nach dieser Richtung getrieben werden.

Eine andere Betrachtung macht die Notwendigkeit noch greifbarer, den positiven Gelehrten die theoretische Arbeit an der Reorganisation der Gesellschaft anzuvertrauen.

Es ist im vorigen Kapitel bemerkt worden, daß die kritische Lehre in den meisten Köpfen die Gewohnheit hervorgerufen und mehr und mehr befestigt hat, daß jeder einzelne sich als oberster Richter über die allgemeinen politischen Gedanken fühlt. Dieser anarchische Zustand der Geister ist, wenn er als Grundprinzip aufgefaßt wird, ein offenbares Hindernis für die Reorganisation der Gesellschaft. Vergeblich würden die tatsächlich kompetenten Kapazitäten die richtige organische Lehre ausbilden, welche die gegenwärtige Krisis beenden soll,

wenn sie gemäß ihrer bisherigen Situation keine Macht besäßen, ihre Autorität zur Geltung zu bringen. Ohne diese Voraussetzung bliebe ihre Arbeit der willkürlichen und eiteln Kontrolle einer bloßen Stimmungspolitik unterworfen und würde niemals zur allgemeinen Annahme gelangen. Wirft man nun einen Blick auf die Gesellschaft, so erkennt man alsbald, daß ein solcher geistiger Einfluß gegenwärtig ausschließlich seitens der Gelehrten vorhanden ist. Sie allein üben in bezug auf die Theorie eine nicht beanstandete Autorität aus. Somit sind sie, abgesehen davon, daß sie allein die Fähigkeit zur Bildung der neuen organischen Lehre besitzen, auch ausschließlich im Besitze der nötigen moralischen Gewalt, um sie durchzuführen. Die Hindernisse, welche dieser moralischen Souveränität durch das kritische Vorurteil entgegenstehen, welches als ein angeborenes Recht jedes einzelnen Menschen betrachtet wird, wären für alle anderen unüberwindlich, sind es aber nicht für sie. Denn die Gesellschaft hat allmählich seit der Begründung der positiven Wissenschaften die Gewohnheit angenommen, sich der Entscheidung der Forscher bezüglich aller speziellen theoretischen Ideen zu unterwerfen. Und die Gelehrten werden leicht diese Gewohnheit auf die allgemeinen theoretischen Ideen auszudehnen wissen, nachdem sie sich der Aufgabe hingegeben haben, sie zu systematisieren.
Somit besitzen die Gelehrten heute wie keine andere Klasse die beiden fundamentalen Bestandteile für die geistige Leitung, die Fähigkeit und die theoretische Autorität.

21. Der Internationalismus der Wissenschaft

Ein letzter wesentlicher Charakter, welcher nicht weniger als die vorbeschriebenen der wissenschaftlichen Klasse zukommt, verdient gleichfalls dargelegt zu werden. Die gegenwärtige Krisis besteht offenbar gleichförmig bei allen Völkern des westlichen Europas, obwohl sie nicht bei allen in gleichem Maße entwickelt ist. Trotzdem wird sie von jedem Volk so behandelt, als wäre sie einfach national. Für die tatsächlich vorhandene europäische Krisis ist aber offenbar eine *europäische* Behandlung erforderlich.
Die gegenwärtige Isolierung der Völker ist eine notwendige Konsequenz des Verfalls des theologisch-feudalen Systems, durch den das geistige Band gesprengt worden ist, welches dieses System zwischen den Völkern Europas hergestellt hatte und

welches man vergeblich durch einen Zustand wechselseitiger feindlicher Gegnerschaft zu ersetzen gesucht hat, den man unter dem Namen des europäischen Gleichgewichts versteckt. Die kritische Lehre ist unfähig, die Harmonie wiederherzustellen, nachdem sie ihr altes Grundprinzip zerstört hat. Sie entfernt uns im Gegenteil von dieser Harmonie. Zunächst hat sie nach ihrer Natur die Tendenz zur Isolierung, und zweitens werden sich die Völker nie vollständig über die Prinzipien dieser Lehre selbst einigen, weil ein jedes beansprucht, ihr gemäß das alte System zu ändern und dies in verschiedenem Maße durchführt.
Nur die wahre organische Lehre kann die Vereinigung hervorbringen, welche so dringend durch den europäischen Kulturzustand gefordert wird. Sie wird sie mit Notwendigkeit hervorbringen, indem sie allen Völkern des westlichen Europa das System der sozialen Organisation zur Verfügung stellen wird, zu welchem sie gegenwärtig alle berufen sind und zu dem auch jedes von ihnen sicherlich früher oder später gelangen wird, entsprechend dem erreichten Bildungsgrade. Übrigens soll bemerkt werden, daß diese neue Einheit vollkommener ausfallen wird, als die des alten Systems war, wo sie nur in geistiger Beziehung bestand. Denn künftig wird sie ebenfalls in weltlicher oder wirtschaftlicher Beziehung statthaben, so daß die Völker berufen sein werden, eine wirkliche allgemeine Gesellschaft zu bilden, welche vollkommen und dauerhaft sein wird. Tatsächlich würde eine derartige Untersuchung leicht ergeben, daß jedes Volk des westlichen Europas sich vermöge der besonderen Beschaffenheit seines Kulturzustandes in der günstigsten Lage befindet, diesen oder jenen Teil des allgemeinen Systems zu bearbeiten, woraus sich die unmittelbare Nützlichkeit ihrer Kooperation ergibt. Daraus folgt, daß die Völker gleicherweise an der Errichtung des neuen Systems gemeinsam arbeiten müssen.
Betrachtet man unter diesem Gesichtspunkt die neue organische Doktrin, so ist es klar, daß die Kraft, welche sie gestalten und führen soll, der Bedingung genügen muß, daß sie die Vereinigung der verschiedenen zivilisierten Völker veranlaßt; *sie muß daher eine europäische Kraft sein.* Nun ist dieses auch die besondere Eigenschaft der wissenschaftlichen Kraft, die dieser ebenso ausschließlich zukommt, wie alle früher erörterten. Es ist wohl bekannt, daß nur die Gelehrten einen wirkli-

chen zusammenhängenden und aktiven internationalen Verband bilden, dessen Mitglieder sich alle gegenseitig verstehen und miteinander leicht und stetig von einem Ende Europas bis zum anderen verkehren. Das liegt daran, daß zurzeit sie allein gemeinsame Gedanken, eine gleichartige Sprache und einen allgemeinen und dauerhaften Zweck ihrer Tätigkeit besitzen. Keine andere Klasse besitzt diesen mächtigen Vorzug, weil keine andere diese Bedingungen in ihrer Vollständigkeit erfüllt. Selbst die Industriellen, so stark sie durch die Natur ihrer Arbeit, ihrer Gewohnheiten zur Vereinigung gedrängt werden, lassen sich noch viel zu sehr von den feindlichen Stimmungen des wilden Patriotismus beherrschen, als daß sich gegenwärtig zwischen ihnen eine wirkliche europäische Vereinigung bilden könnte. Ausschließlich der Tätigkeit der Gelehrten ist es vorbehalten, diese zu bewirken.

22. Praktische Folgen der wissenschaftlichen Organisation

Es ist zweifellos überflüssig zu beweisen, daß die gegenwärtigen Beziehungen der Gelehrten eine sehr viel größere Intensität gewinnen müssen, nachdem sie erst ihre vereinigten Kräfte auf die Bildung einer neuen sozialen Lehre gerichtet haben werden. Diese Folgerung ist einleuchtend, denn die Kraft eines sozialen Bandes ist notwendig proportional der Bedeutung des Zweckes der Vereinigung.

Um den ganzen Wert dieser europäischen Gewalt, wie sie den Gelehrten eigen sein wird, zu verstehen, muß man in der Beziehung, die uns beschäftigt, das Verhalten der Könige mit dem der Völker vergleichen. Es ist oben bemerkt worden, daß die Könige, obwohl sie ihre Tätigkeit auf einen im Prinzip absurden Zweck richten, in der Ausführung sehr viel methodischer vorgehen als die Völker, weil die Linie, der sie folgen, in der Vergangenheit bestand und auf das genaueste vorgezeichnet ist. Dergestalt vereinigen in dieser Beziehung die Könige ihre Bemühungen in ganz Europa, während die Völker sich voneinander isolieren. Durch diese einzige Tatsache haben die Könige einen relativen Vorteil gegenüber den Völkern, gegen die sie sonst auf keine andere Weise ankämpfen können, was diesem Umstand eine ungewöhnliche Bedeutung gibt.

Die Führer der öffentlichen Meinung der Völker haben ihrerseits kein anderes Hilfsmittel, als gegen diese Überlegenheit der Stellung zu deklamieren, die dadurch natürlich nicht ver-

mindert wird. Sie stellen den allgemeinen Satz auf, daß die verschiedenen Staaten nicht das geringste Recht haben, gegenseitig bezüglich der sozialen Reformen zu intervenieren. Nun ist dieses Prinzip nichts anderes als die Anwendung der kritischen Lehre auf die auswärtigen Beziehungen; es ist aber durchaus falsch wie alle anderen Dogmen jener Lehre. Es ist, wie die anderen, nur die irrtümliche Verallgemeinerung einer vorübergehenden Tatsache, nämlich der Auflösung der Beziehungen, welche unter dem Einfluß des alten Systems zwischen den europäischen Nationen bestanden. Es ist klar, daß die Völker des westlichen Europa vermöge der Gleichförmigkeit und des gegenseitigen Zusammenhanges ihrer Kultur sowohl nach ihrer früheren Entwicklung wie nach ihrem gegenwärtigen Zustande eine einzige große Nation bilden. Deren Glieder besitzen in bezug aufeinander Rechte, die zweifellos weniger ausgedehnt sind als die der verschiedenen Bestandteile eines einzelnen Staates, sie sind aber von derselben Natur.
Übrigens sieht man, daß jene kritische Idee, selbst wenn sie wahr wäre, ihren Zweck nicht erreicht, ja sich von diesem sogar entfernt, da sie die Tendenz hat, die Völker an ihrer Vereinigung zu verhindern. Da eine Kraft nur durch eine andere zurückgehalten werden kann, so werden die Völker offenbar im Hinblick auf ihre paneuropäische Zusammenfassung in einer ungünstigeren Lage verbleiben als die Könige, solange nicht die Kraft der Gelehrten als einzige paneuropäische die große Arbeit der sozialen Reorganisation leitet. Sie allein kann für die Völker das tatsächliche Äquivalent der Heiligen Allianz sein, mit dem Unterschiede, daß die geistige Vereinigung jeder rein weltlichen notwendig weit überlegen ist.

23. Zusammenfassung

So erweist sich in letzter Analyse die Notwendigkeit, den Gelehrten die vorbereitenden theoretischen Arbeiten zu überantworten, welche als unentbehrlich zur Reorganisation der Gesellschaft erkannt worden sind, auf vier verschiedenen Erwägungen solid begründet, von denen jede einzelne hinreichen würde, sie festzulegen. Erstens sind die Gelehrten durch die Art ihrer Begabung und ihrer intellektuellen Bildung allein kompetent, die Arbeit auszuführen. Zweitens wird ihnen diese Funktion durch die Natur der Sache zugeschoben, da sie die geistige Macht des zu organisierenden Systems sind. Drittens

besitzen sie ausschließlich die notwendige moralische Autorität, welche heute erforderlich ist, um die neue organische Lehre zur Annahme zu bringen, nachdem sie ausgebildet worden ist. Endlich ist von allen existierenden sozialen Kräften die der Gelehrten die einzige, welche einen paneuropäischen Charakter hat. Eine derartig geschlossene Gesamtheit von Beweisen muß zweifellos die große theoretische Mission der Gelehrten über jeden Zweifel und jeden Widerspruch erheben.
Aus dem Vorangegangenen folgt, daß die Grundirrtümer der Völker in ihrer Auffassung der Reorganisation der Gesellschaft in erster Linie auf dem falschen Wege beruhen, auf welchem sie zu dieser Reorganisation geschritten sind. Es folgt weiter, daß der Fehler dieses Weges darin besteht, daß die soziale Reorganisation als eine rein praktische Angelegenheit betrachtet worden ist, während sie grundsätzlich theoretischer Natur ist. Weiter folgt, daß die Natur der Sache und die überzeugendsten geschichtlichen Erfahrungen die unbedingte Notwendigkeit beweisen, zum Zweck der Reorganisation eine vollkommene Arbeitsteilung in zwei Teile durchzuführen: einen theoretischen und einen praktischen. Von diesen muß der erste zunächst ausgeführt werden und ist dazu bestimmt, dem zweiten als Grundlage zu dienen. Weiter folgt, daß die vorausgehende Durchführung der theoretischen Arbeiten die Betätigung einer neuen sozialen Kraft erfordert, welche von den bisher betätigten verschieden ist, da diese vollkommen inkompetent ist. Endlich folgt, daß aus verschiedenen sehr maßgebenden Gründen diese neue Kraft die der Gelehrten sein muß, welche sich dem Studium der Beobachtungswissenschaften gewidmet haben.

IV. Die drei Zustände

24. Der höchste Gesichtspunkt

Die Gesamtheit dieser Ideen hat zum Zweck gehabt, den Geist nachdenklicher Männer stufenweise bis auf den hochgelegenen Gesichtspunkt zu erheben, von dem aus man mit einem einzigen Umblick sowohl die Fehler des bisherigen Weges zur Reorganisation der Gesellschaft wie auch den Charakter des neuen Weges, der künftig für diesen Zweck eingeschlagen werden muß, überschauen kann. Alles kommt schließlich darauf hinaus, daß man für die Politik mit Hilfe der vereinigten Kräfte der europäischen Gelehrten eine positive Theorie ausgestaltet, welche von der Praxis verschieden ist und deren Gegenstand die Schaffung des neuen sozialen Systems ist, welches der augenblicklichen Höhe der Erkenntnis entspricht. Überlegt man dies alles, so überzeugt man sich, daß der Schluß in folgende einzige Gedanken zusammengefaßt werden kann: *die Gelehrten müssen jetzt die Politik zum Rang einer Beobachtungswissenschaft erheben.*

Dies ist der höchste und endgültige Gesichtspunkt, auf den man sich stellen muß. Von diesem Gesichtspunkt aus kann man leicht in eine Reihe von sehr einfachen Betrachtungen den Inhalt alles dessen zusammenfassen, was seit dem Anfang dieser Schrift gesagt worden ist. Es ist nötig, jene wichtige Verallgemeinerung durchzuführen, da sie allein die Mittel zum Weiterschreiten liefern kann, indem sie den Gesichtskreis erweitert.

25. Die drei Zustände

Vermöge der Natur des menschlichen Geistes ist jeder Zweig unserer Kenntnisse notwendig bei seinem Entwicklungsgang gezwungen, folgeweise durch drei verschiedene theoretische Zustände zu gehen, den *theologischen* oder *fiktiven* Zustand, den *metaphysischen* oder *abstrakten* und endlich den *wissenschaftlichen* oder *positiven.*

Im ersten Zustande dienen übernatürliche Ideen dazu, die kleine Anzahl isolierter Beobachtungen zu verbinden, aus denen die Wissenschaft solcher Zeiten besteht. Mit anderen Worten, die »Erklärung« der beobachteten Tatsachen beruht darauf, daß sie *a priori* nach erdachten Vorstellungen gedeutet werden. Dieser Zustand kommt notwendig jeder Wissenschaft im Kindheitszustande zu. So unvollkommen er sein mag, so liefert er doch die einzig mögliche Gedankenverbindung zu solcher Zeit. Er ist infolgedessen das einzige Mittel, durch welches man über die Tatsachen ein Urteil fällen und dadurch die Betätigung des Geistes ermöglichen kann, welcher unter allen Bedingungen irgendeiner Vereinigungsweise bedarf. Mit anderen Worten, dieser Zustand ist unbedingt notwendig, um einen weiteren Fortschritt zu ermöglichen.

Der zweite Zustand hat die einzige Bestimmung, als Übergang von dem ersten in den dritten zu dienen. Sein Charakter ist gemischt, er verbindet die Tatsachen nach Ideen, welche nicht mehr vollkommen übernatürlich und doch noch nicht vollständig natürlich sind. Mit einem Worte, diese Ideen sind *personifizierte Abstraktionen,* in welchen der Geist nach Bedürfnis entweder den mystischen Namen einer übernatürlichen Ursache oder den abstrakten Ausdruck einer einfachen Tatsachenreihe sehen kann, je nachdem er sich näher am theologischen oder am wissenschaftlichen Zustande befindet. Dieser metaphysische Zustand ist dadurch bedingt, daß die Tatsachen zahlreicher geworden sind und sich gleichzeitig einander durch ausgedehntere Analogien genähert haben.

Der dritte Zustand ist die endgültige Form jeder Wissenschaft. Die beiden ersten haben nur die Aufgabe, ihn stufenweise vorzubereiten. Hier werden die Tatsachen nach Ideen oder allgemeinen Gesetzen von völlig positiver Beschaffenheit geordnet, welche veranlaßt oder bestätigt sind durch die Tatsachen selbst und welche häufig ihrerseits nichts anderes darstellen als einfache Tatsachen von einer so allgemeinen Beschaffenheit, daß sie als Prinzip dienen können. Man bemüht sich, sie auf die kleinstmögliche Anzahl zurückzuführen, stellt aber keine Hypothese auf, welche nicht die Beschaffenheit hat, daß sie eines Tages durch die Beobachtung verifiziert werden kann. Sie dient also in jedem Fall nur als ein Mittel zum allgemeinen Ausdruck der Tatsachen.

Diejenigen, denen der Entwicklungsgang der Wissenschaft vertraut ist, werden leicht die Genauigkeit dieser allgemeinen geschichtlichen Zusammenfassung verifizieren können und zwar an den vier fundamentalen Wissenschaften, die gegenwärtig positiv geworden sind, der Astronomie, der Physik, der

Chemie und der Physiologie sowie an den mit ihnen verbundenen Wissenschaften. Selbst diejenigen, welche die Wissenschaften nur in ihrem gegenwärtigen Zustande betrachten, können den allgemeinen Satz an der Physiologie bestätigt finden, die zwar jüngst ebenso positiv geworden ist wie die drei anderen, die aber noch gegenwärtig die drei Formen bei den verschiedenen geistigen Klassen aufweist, welche trotz ihrer Verschiedenheit Zeitgenossen sind. Diese Tatsache tritt besonders an dem Teil dieser Wissenschaft hervor, welcher die Erscheinungen untersucht, die man speziell die *moralischen* nennt. Sie werden von den einen als ein Ergebnis beständiger übernatürlicher Beeinflussung aufgefaßt, von den anderen als unbegreifliche Wirkung eines abstrakten Wesens und von den dritten endlich als von organischen Bedingungen bestimmt, die man aufweisen kann und über welche man nicht hinausgehen kann.

26. Anwendung auf die Politik

Betrachtet man die Politik als eine Wissenschaft und wendet auf sie die vorhergehenden Betrachtungen an, so findet man, daß sie soeben die beiden ersten Zustände zurückgelegt hat, und daß sie gegenwärtig bereit ist, in den dritten einzutreten.

Die Lehre der Könige stellt den *theologischen* Zustand der Politik dar. Sie erweist sich tatsächlich auf theologischen Ideen aufgebaut, wenn man ihr auf den Grund geht. Sie faßt die sozialen Beziehungen auf als begründet auf der übernatürlichen Idee des göttlichen Rechtes. Sie erklärt die folgeweisen politischen Zustandsänderungen der Menschheit durch eine übernatürliche unmittelbare Leitung, welche ununterbrochen seit dem Erscheinen des ersten Menschen bis auf die Gegenwart durchgeführt worden ist. Das ist die einzige Gestalt, in welcher die Politik so lange begriffen worden ist, bis das alte System sich aufzulösen begann.

Die Doktrin der Völker stellt den *metaphysischen* Zustand der Politik dar. Sie beruht ganz und gar auf der metaphysischen Voraussetzung eines ursprünglichen *sozialen Vertrages*, welcher aller weiteren Entwicklung der menschlichen Gaben durch die Kultur vorausgegangen ist. Das gewöhnlich benutzte Denkmittel ist das der *Rechte*, die als von der Natur allen Menschen in gleichem Grade gegeben angesehen werden und die durch jenen Vertrag gewährleistet sein sollen. Dies ist die primitiv

kritische Lehre, welche ursprünglich aus der Theologie entnommen wurde, um damit gegen das alte System zu kämpfen, und welche seitdem als organisch angesehen worden ist. *Rousseau* hat sie namentlich in systematischer Form in einem Werke zusammengefaßt, welches seinerzeit für alle populären Betrachtungen über die soziale Organisation als Grundlage gedient hat und diesem Zweck noch heute dient.
Endlich betrachtet die *wissenschaftliche* Lehre der Politik die sozialen Zustände, in welchen das Menschengeschlecht jeweils von den Beobachtern gefunden worden ist, als die notwendigen Folgen seiner Organisation. Sie faßt den Zweck dieser sozialen Zustände auf als bestimmt durch den Rang, den der Mensch im System der Natur einnimmt, wie er durch die Tatsachen festgelegt wird, und der einer weiteren Erklärung nicht bedarf. Sie sieht weiter aus dieser fundamentalen Beziehung die konstante Tendenz des Menschen entstehen, auf die Natur einzuwirken, um sie zu seinem Vorteil abzuändern. Sie betrachtet endlich die soziale Ordnung als im letzten Ende bezweckend, *gemeinsam* diese natürliche Tendenz zu entwickeln, sie zu regeln und sie in Übereinstimmung zu bringen, damit die nutzbare Wirkung den größtmöglichen Wert annimmt. Ist dieses vorausgesetzt, so bemüht sie sich, den Weg der menschlichen Kultur und die Zwischenstufen, die zu durchmessen sie gezwungen war, bevor sie den endgültigen Zustand annahm, mit dem Grundgesetz der menschlichen Kultur in Zusammenhang zu bringen, und zwar durch unmittelbare Beobachtungen über die kollektive Entwicklung der menschlichen Rasse. Geleitet durch eine Reihe solcher Beobachtungen betrachtet sie die Verbesserungen, welche jeder Epoche eigen sind und die unabhängig von jeder Hypothese durch den Entwicklungsgrad bestimmt sind, bis zu dem das Menschengeschlecht gelangt ist. Sie faßt endlich für jeden Kulturgrad die politischen Aufgaben derart auf, daß ihr einziger Zweck ist, die Schritte zu erleichtern, welche getan werden sollen, nachdem sie mit Genauigkeit vorbedacht sind.

27. Zeitliche und sachliche Bedingtheit der Stufen

Dies ist der Geist der positiven Lehre, welche heutzutage zu dem Zwecke entwickelt werden soll, eine Anwendung auf den gegenwärtigen Zustand der kultivierten Menschheit zu machen. Hierbei werden die früheren Zustände zu dem

Zwecke studiert, die Grundgesetze dieser Wissenschaft festzustellen.
Man kann gleichzeitig leicht erklären, warum die Politik nicht früher eine positive Wissenschaft hat werden können und weshalb sie gegenwärtig dazu berufen ist.
Zwei grundlegende Bedingungen, die zwar verschieden aber untrennbar sind, waren unumgänglich nötig dazu.
In erster Linie war es nötig, daß zunächst alle besonderen Wissenschaften nacheinander positiv werden mußten, denn die Gesamtheit kann dies nicht werden, solange es die Elemente nicht geworden sind. Diese Bedingung ist gegenwärtig erfüllt.
Die Wissenschaften sind nacheinander positiv in der Ordnung geworden, nach welcher natürlicherweise diese Revolution erfolgen mußte. Diese Ordnung ist die der größeren oder geringeren Verwicklung ihrer Tatsachen oder mit anderen Worten die ihrer näheren oder ferneren Beziehung zum Menschen.
So sind zunächst die astronomischen Tatsachen, da sie die einfachsten waren, auf positive Theorien zurückgeführt worden. In der Folge geschah das stufenweise mit den physikalischen, den chemischen und den physiologischen Tatsachen. Bei den letzten erfolgte dieser Übergang erst vor ganz kurzer Zeit. Für die politischen Tatsachen, die die verwickeltsten sind, konnte die gleiche Refom erst in letzter Linie durchgeführt werden, weil sie von allen anderen abhängen. Aber es ist offenbar ebenso notwendig, daß dieser Vorgang schließlich stattfindet, wie es unmöglich war, daß er früher eintrat.
Zweitens war erforderlich, daß das vorbereitende soziale System, in welchem die Wirkung auf die Natur nur in indirekter Weise den Zweck der Gesellschaft war, bis zu seiner letzten Phase durchgeführt wurde.
Tatsächlich hat sich einerseits die Theorie nicht früher entwikkeln können, weil sie sonst der Praxis zu weit vorangeschritten wäre. Da ihr Zweck ist, diese zu leiten, so darf sie ihr nicht bis zu dem Grade vorangehen, daß beide sich aus dem Gesicht verlieren. Andererseits bestand früher nicht eine ausreichende experimentelle Grundlage. Es war die Begründung eines Systems der sozialen Ordnung erforderlich, welche von einer sehr zahlreichen Bevölkerung angenommen wurde, die mehrere große Nationen bildete, und ebenso mußte diese Ordnung ihre ganze mögliche Dauer durchleben, damit eine Theorie auf diese umfassende Erfahrung gegründet werden konnte.

Diese zweite Bedingung ist heute ebensowohl erfüllt wie die erste. Das theologische System, welches als Vorbereitung des menschlichen Geistes auf das wissenschaftliche diente, ist am Schluß seiner Laufbahn angelangt. Dies ist unbestreitbar, da das metaphysische System, dessen einziger Zweck ist, das theologische zu Fall zu bringen, bei den Völkern allgemein die Vorherrschaft erhalten hat. Die wissenschaftliche Politik muß sich daher naturgemäß jetzt gestalten, denn da es unbedingt unmöglich ist, ohne Theorie durchzukommen, so müßte andernfalls die theologische Politik sich wieder konstituieren. Denn die metaphysische Politik ist, eigentlich gesprochen, nicht eine wirkliche Theorie, sondern eine kritische Doktrin, die bloß für den Übergang brauchbar ist.

Insgesamt ist somit niemals eine moralische Revolution gleichzeitig unvermeidlicher, reifer und dringender gewesen als diese, welche nunmehr die Politik durch die Arbeit der vereinigten Forscher Europas zum Rang einer Beobachtungswissenschaft erheben soll. Diese Revolution allein kann in der gegenwärtigen großen Krisis eine wirklich maßgebende Kraft zur Geltung bringen, welche fähig ist, sie zu regeln und die Gesellschaft vor fürchterlichen und anarchischen Explosionen zu bewahren, von denen sie bedroht ist, indem sie die Gesellschaft auf den wahren Weg des vervollkommneten sozialen Systems führt, den der gegenwärtige Zustand der Kultur gebieterisch verlangt.

Um so schnell wie möglich die für die Ausführung dieser heilsamen Mission bestimmten wissenschaftlichen Kräfte in Tätigkeit zu setzen, war es erforderlich, einen allgemeinen Überblick der theoretischen Arbeiten zu geben, welche für die Reorganisation der Gesellschaft erforderlich sind, indem man die Politik zum Rang einer Beobachtungswissenschaft erhebt. Ich habe gewagt, diesen Plan zu entwerfen, und ich lege ihn ernstlich den Gelehrten Europas vor.

28. Der Arbeitsplan

Tief überzeugt, daß, wenn diese Erörterung in Gang gebracht ist, mein Entwurf, ob er nun angenommen oder verworfen wird, zur Bildung des endgültigen Planes führen muß, scheue ich mich nicht, alle europäischen Forscher aufzurufen im Namen der durch eine lange und schreckliche Agonie bedrohten Gesellschaft, von der nur ihre Mitwirkung sie schützen kann, daß

sie öffentlich und frei ihr begründetes Urteil bezüglich des allgemeinen Arbeitsplanes aussprechen, welchen ich vorlege. Dieser Plan besteht aus drei Reihen von Arbeiten.
Die erste hat zum Gegenstand die Ausgestaltung des *Systems von geschichtlichen Beobachtungen* über den allgemeinen Entwicklungsgang des menschlichen Geistes, welche die postive Grundlage der Politik sein sollen, dergestalt, daß die Arbeit unbedingt von dem theologischen und dem metaphysischen Charakter frei gehalten wird, an deren Stelle der wissenschaftliche Charakter zu treten hat.
Die zweite Reihe hat zum Ziel, das vollständige *System der positiven Erziehung* festzustellen, welche für die regenerierte Gesellschaft passend ist, die sich ausbildet, um auf die Natur zu wirken oder mit anderen Worten, die beabsichtigt, diese Tätigkeit zu verbessern, soweit sie von den Eigenschaften der Wirkenden abhängt.
Die dritte Reihe endlich besteht in der allgemeinen Darlegung der *kollektiven Einwirkung*, welche die kultivierten Menschen bei dem gegenwärtigen Zustande ihrer Kenntnisse auf die Natur ausüben können, indem sie alle ihre Kräfte auf dieses Ziel richten und indem sie die sozialen Vereinigungen nur als Mittel zu diesem Zweck ansehen.

V. Beobachtung und Phantasie

29. Beobachtung und Phantasie

Die grundsätzliche Bedingung, welche erfüllt sein muß, um die Politik in positivem Sinne zu betreiben, besteht darin, daß genau die Grenzen bestimmt werden, in welche vermöge der Natur der Dinge die Kombinationen der sozialen Ordnung eingeschlossen sind. Mit anderen Worten, es ist nötig, daß in der Politik nach dem Beispiel der anderen Wissenschaften die Rolle der *Beobachtung* und die der *Phantasie* vollständig voneinander geschieden werden und daß die zweite der ersten untergeordnet wird.*

* In der »Rede über den Geist des Positivismus« faßt Comte die Bedeutung des Wortes »positiv« zusammen: »Zunächst in seiner ältesten und verbreitetsten Bedeutung betrachtet, bezeichnet das Wort positiv das *Tatsächliche* im Gegensatz zum eingebildeten: in dieser Hinsicht kommt es voll und ganz dem neuen philosophischen Geiste zu, der auf Grund der ständigen Hingabe unserer Intelligenz an wirklich erreichbare Forschungsobjekte unter dauerndem Ausschluß der unergründlichen Mysterien, mit denen sich vor allem seine Kindheit befaßte, so bezeichnet wird. In einem zweiten, dem vorhergehenden sehr nahestehenden, gleichwohl aber von ihm unterschiedenen Sinn gibt dieser wesentliche Ausdruck den Gegensatz zwischen dem *Nützlichen* und dem Müßigen an: in der Philosophie erinnert er dann an die notwendige Bezogenheit aller unserer gesunden Theorien auf die ständige Verbesserung unserer individuellen und kollektiven Lebensbedingungen – im Gegensatz zu der nichtigen Befriedigung einer unfruchtbaren Neugier. In einer dritten verbreiteten Bedeutung wird dieser glücklich gewählte Ausdruck häufig dazu benützt, den Gegensatz von *Gewißheit* und Unentschiedenheit zu bezeichnen: er gibt so die typische Fähigkeit einer derartigen Philosophie an, von selbst, anstelle der unbestimmten Zweifel und der endlosen Debatten, die die alte Denkweise hervorbringen mußte, die logische Harmonie im Individuum und die geistige Vereinigung der gesamten Gattung zu begründen. Eine vierte verbreitete Auffassung, die zu oft mit der vorangehenden verwechselt wird, besteht in der Entgegensetzung von *Genauem* und Ungewissem: diese Bedeutung erinnert an das ständige Streben des wahrhaft philosophischen Geistes, überall den Grad von Genauigkeit zu erreichen, der mit dem Wesen der Erscheinungen vereinbar ist und mit den Forderungen unserer wahren Bedürfnisse übereinstimmt; während die alte Weise, zu philosophieren notwendig zu ungewissen Meinungen führte, weil sie erst auf Grund eines ständigen auf übernatürliche Autorität gestützten Druckes eine unentbehrliche Disziplin zuließ. (. . .) Schließlich muß noch auf eine fünfte Anwendung besonders aufmerksam gemacht werden, die zwar weniger gebräuchlich aber im übrigen ebenso umfassend ist wie die anderen, wenn man nämlich das Wort positiv als das Gegenteil von *negativ* gebraucht. In dieser Hinsicht gibt sie eine der höchsten Eigenschaften der neuzeitlichen wahren Philosophie an, indem sie zeigt, daß diese von Hause aus nicht dazu bestimmt ist, zu zerstören, sondern zu *organisieren*. (. . .) Die

Um diese Grundidee völlig ins Licht zu setzen, ist es notwendig, den allgemeinen Geist der positiven Politik mit dem der theologischen und der metaphysischen zu vergleichen. Zur Vereinfachung dieser Parallele kann man die beiden letzten in dieselbe Betrachtung zusammenfassen. Das wird das Ergebnis nicht ändern, da gemäß dem vorangegangenen Kapitel die zweite Form im Grunde nur eine Abwandlung der ersten und von ihr nicht wesentlich, sondern nur durch ihren weniger ausgeprägten Charakter verschieden ist.

Der theologische und der metaphysische Zustand irgendeiner Wissenschaft haben den allgemeinen Charakter, daß die Phantasie das Übergewicht über die Beobachtung hat. Der einzige Unterschied, welcher zwischen beiden in dieser Beziehung besteht, beschränkt sich darauf, daß sich die Phantasie im ersten Fall auf übernatürliche Wesen bezieht, in dem zweiten auf personifizierte Abstraktionen.

Die notwendige und regelmäßige Konsequenz eines derartigen Zustandes des menschlichen Geistes besteht darin, den Menschen zu bereden, daß er in jeder Beziehung den Mittelpunkt der Natur bilde und daher mit der Fähigkeit unbegrenzten Einflusses auf die Erscheinungen ausgestattet sei. Diese Überzeugung stammt offenbar auf direktem Wege aus der Vorherrschaft der Phantasie, wozu die organische Neigung kommt, gemäß deren der Mensch allgemein die Tendenz hat, sich übertriebene Vorstellungen von seiner Wichtigkeit und seinem Können zu gestalten. Eine derartige Illusion bildet den auffallendsten und charakteristischsten Zug dieser Kindheit der menschlichen Vernunft.

Vom philosophischen Gesichtspunkt aus gesehen, haben die Revolutionen, welche die verschiedenen Wissenschaften in den positiven Zustand übergeführt haben, eine völlige Umkehrung dieser primitiven Ordnung unserer Ideen bewirkt.

Der Grundcharakter dieser Revolutionen bestand darin, daß die bis dahin von der Phantasie eingenommene Vorherrschaft auf die *Beobachtung* überging. Infolgedessen wurden die Konsequenzen gleichfalls umgekehrt. Der Mensch wurde von ei-

einzige wesentliche Eigenschaft des neuen philosophischen Geistes, die noch nicht unmittelbar durch das Wort positiv angegeben worden ist, besteht in seiner notwendigen Tendenz, überall das *Relative* an die Stelle des Absoluten zu setzen.« A. Comte, Rede über den Geist des Positivismus, Hamburg 1956 (1844), ed. Fetscher, S. 85–91. [Anm. d. Hrsg.]

nem Mittelpunkt der Natur zu dem Range verwiesen, den er tatsächlich einnimmt. Ebenso wurde seine Wirkungsfähigkeit auf ihre tatsächlichen Grenzen beschränkt und dahin festgestellt, daß er fähig ist, eine bestimmte Anzahl von Erscheinungen, die ihm zu beboachten gegeben ist, mehr oder weniger durch ihre Wechselwirkung abzuändern.
Es genügt, den vorstehenden geschichtlichen Überblick anzudeuten, um ihn alsbald bezüglich all der Wissenschaften zu bewahrheiten, welche gegenwärtig positiv geworden sind, d. h. welche klare Begriffe ausgebildet haben.
So hat in der Astronomie der Mensch damit begonnen, die himmlischen Erscheinungen anzusehen, als wären sie seinem Einflusse unterworfen oder ständen doch in unmittelbaren und nahen Beziehungen zu allen Einzelheiten seiner Existenz. Es ist die ganze Kraft der stärksten und mannigfaltigsten Beweise notwendig gewesen, um ihn zu der Einsicht zu bringen, daß er nur einen untergeordneten und geringfügigen Platz in dem allgemeinen System des Weltalls einnimmt. Ebenso hat er in der Chemie anfangs geglaubt, daß er nach seinen Wünschen die Natur der Stoffe verändern kann. Hernach hat er sich darauf beschränkt, die Ergebnisse der gegenseitigen Einwirkung verschiedener irdischer Stoffe zu studieren. Ähnlich hat er in der Medizin lange Zeit gehofft, nach Belieben die Störungen seiner Organisation zu beseitigen und sogar den Ursachen der Zerstörung unbegrenzt widerstehen zu können, bis er endlich begriffen hat, daß sein Einfluß so lange nichtig ist, als er nicht auf die Beschaffenheit seiner Organisation gestützt wird und um so mehr, wenn er dieser entgegenhandelt.
Die Politik hat sich ebensowenig wie die anderen Wissenschaften diesem Gesetz entzogen, das auf der Natur der Dinge beruht. Der Zustand, in welchem sie sich bisher immer befunden hat und in dem sie sich noch gegenwärtig befindet, ist vollkommen analog dem, in welchem sich die Astrologie im Verhältnis zur Astronomie, die Alchimie im Verhältnis zur Chemie, das Suchen nach der universellen Medizin im Verhältnis zur Heilkunde befunden hat.
Zunächst ist es gemäß dem vorangegangenen Kapitel klar, daß die theologische und metaphysische Politik bezüglich ihrer Art zu verfahren darin übereinstimmen, daß sie der Phantasie die Vorherrschaft über die Beobachtung geben. Sicherlich darf man nicht behaupten, daß bisher die Beobachtung überhaupt

nie in der theoretischen Politik benutzt worden wäre. Dies ist aber nur in untergeordneter Weise und unter der Herrschaft der Phantasie geschehen, wie es auch beispielsweise in der Chemie zur Zeit der Alchimie zuging.

Dieses Vorwiegen der Phantasie hat notwendig für die Politik ähnliche Konsequenzen mit sich bringen müssen, wie sie für die anderen Wissenschaften beschrieben worden sind. Das kann man leicht bestätigen durch die unmittelbare Beobachtung des Geistes der theologischen wie der metaphysischen Politik, betrachtet vom theoretischen Gesichtspunkt.

Der Mensch hat bisher an die unbegrenzte Kraft seiner politischen Kombinationen für die Verbesserung der sozialen Ordnung geglaubt. Die menschliche Spezies wurde mit anderen Worten bisher in der Politik als etwas betrachtet, was keine eigenen Triebe hat, sondern beständig diejenigen passiv aufnimmt, welche der Gesetzgeber mit Hilfe einer ausreichenden Autorität ihm beibringen will.

30. Das Absolute

Vermöge einer notwendigen Konsequenz hat das *Absolute* stets in der theoretischen Politik regiert und regiert noch heute, sowohl in der theologischen wie in der metaphysischen. Der gemeinsame Zweck, welchen beide, jede auf ihre Weise, verfolgen, ist die Aufstellung des ewigen Typus der vollkommensten sozialen Ordnung, ohne daß dabei irgendein bestimmter Zustand der Kultur ins Auge gefaßt wird. Beide beanspruchen ausschließlich das System der Institutionen gefunden zu haben, welches diesen Zweck erreicht. Der einzige Umstand, welcher beide in dieser Beziehung unterscheidet, liegt darin, daß die erste formell jede erhebliche Abänderung des einmal entworfenen Planes verbietet, während die andere eine Prüfung gestattet, vorausgesetzt, daß sie in derselben Richtung betätigt wird. Abgesehen hiervon ist ihr Charakter gleicherweise absolut.

Dieses Absolute tritt noch viel deutlicher hervor in den Anwendungen der Theorie auf die praktische Politik. Beide sehen in ihrem System der Institutionen eine Art von Universalmedizin, die mit einer absoluten Sicherheit sich auf alle politischen Übel anwenden läßt, welcher Natur sie auch sein mögen und in welchem tatsächlichen Kulturzustande das Volk sich befinden mag, für welches das Hilfsmittel bestimmt ist. Ebenso beurteilen beide die Verwaltung der verschiedenen Völker zu verschiedenen Zeiten der Zivilisation ausschließlich nach ihrer größeren oder geringeren Übereinstimmung oder dem entsprechenden Gegensatz zu dem unveränderlichen Typus der Vollendung, welchen sie aufgestellt haben. So haben, um nur ein neues einleuchtendes Beispiel zu erwähnen, die Parteigänger der theologischen sowie der metaphysischen Politik erklärt, und zwar abwechselnd innerhalb eines kurzen Zeitraumes, daß die soziale Organisation Spaniens höher stehe, als die der fortgeschrittensten anderen europäischen Nationen, ohne daß weder die einen noch die andern irgendwelche Rücksicht auf die tatsächliche kulturelle Inferiorität der Spanier im Vergleich mit den Franzosen und Engländern genommen hätten; vielmehr hatte man sie bezüglich der politischen Verwaltung als denen überlegen bezeichnet. Derartige Urteile, die man leicht vervielfältigen könnte, zeigen zur Evidenz, wie sehr es im Geiste der theologischen und metaphysischen Politik liegt, vollständig vom Kulturzustande abzusehen.

Es ist zum Abschluß dieser Charakteristik wichtig, in dieser Beziehung zu bemerken, daß sie darin im allgemeinen übereinstimmen (wenn auch auf Grund ganz verschiedener Motive), daß sie die Vollkommenheit der sozialen Organisation mit einem sehr unvollkommenen Zustand der Kultur zusammentreffen lassen. Man sieht sogar, daß die konsequentesten Vertreter der metaphysischen Politik, wie z. B. *Rousseau*, der sie systematisiert hat, sich so weit verstiegen haben, daß sie den sozialen Zustand als eine Degeneration eines besseren Naturzustandes angesehen haben, der tatsächlich nur in ihrer Einbildung bestand und der nur das metaphysische Analogon der theologischen Idee über das Herunterkommen des menschlichen Geschlechtes durch die Erbsünde ist.

Diese genaue Zusammenfassung bestätigt, daß das Vorwiegen der Phantasie vor der Beobachtung in der Politik Ergebnisse gezeitigt hat, welche vollkommen denen ähnlich sind, die in den anderen Wissenschaften vorherrschend waren, bevor sie positiv wurden. Die Frage nach der absolut bestmöglichen Regierung unabhängig vom Kulturzustande ist offenbar von ganz derselben Beschaffenheit wie die nach einer allgemeinen medizinischen Behandlungsweise, welche auf alle Krankheiten und alle Temperamente anwendbar ist.

Versucht man, den allgemeinen Geist der theologischen und

metaphysischen Politik auf seinen einfachsten Ausdruck zurückzuführen, so sieht man gemäß dem Gesagten, daß er auf zwei wesentliche Betrachtungen zurückkommt. Bezüglich seines Verfahrens besteht dieser Geist in der Vorherrschaft der Phantasie über der Beobachtung. Bezüglich der allgemeinen Gedanken, welche die Arbeiten leiten sollen, besteht er einerseits darin, daß die soziale Organisation in abstrakter Weise betrachtet wird, d. h. als unabhängig von dem Kulturzustande und andererseits darin, daß der Entwicklungsgang der Kultur als keinem Gesetz unterworfen angesehen wird.

31. Kennzeichnung der wissenschaftlichen Politik

Kehrt man diese Grundgedanken um, so muß man notwendig die der positiven Politik finden, weil der gleiche Gegensatz nach dem, was oben dargelegt worden ist, zwischen dem phantastischen und dem positiven Zustande aller anderen Wissenschaften besteht. Man tut durch diese intellektuelle Operation nichts anderes, als daß man die in der Vergangenheit beobachteten Tatsachen durch die Analogie auf die Zukunft ausdehnt. Führt man diese Operation aus, so wird man zu folgenden Ergebnissen gebracht.

Zunächst muß man, um die Wissenschaft der Politik positiv zu machen, hier wie in den anderen Wissenschaften, das Vorwiegen der Beobachtung über die Phantasie durchführen.* Zweitens muß man, damit diese Grundbedingung erfüllt wird, die soziale Organisation einerseits als eng verbunden mit dem Kulturzustand und als durch ihn bestimmt ansehen, andererseits muß man den Gang der Kultur als einem unveränderlichen Gesetz unterworfen betrachten, welches auf der Natur der Dinge beruht. Die Politik kann nicht positiv werden, oder was auf dasselbe hinauskommt, die Beobachtung kann in ihr nicht die Phantasie überwinden, solange diese beiden Bedingungen nicht erfüllt werden. Aber es ist andererseits klar, daß, wenn sie erfüllt werden und die Theorie der Politik durchaus in solchem Geiste geschaffen wird, die Phantasie sich vermöge der Tatsachen selbst der Beoachtung unterordnen wird, wodurch denn die Politik positiv wird. Somit kommt in letzter Analyse alles auf diese beiden Bedingungen zurück.

* Vgl. A. Comte, Rede ... (ed. Fetscher), a.a.O., S. 27.[Anm. d. Hrsg.]

Dies sind also die beiden Grundgedanken, welche die positiven Arbeiten über die theoretische Politik beherrschen müssen. Entsprechend ihrer außerordentlichen Wichtigkeit ist es erforderlich, sie in allen ihren Einzelheiten zu betrachten. Es handelt sich hier keineswegs darum, sie zu beweisen, denn das wird erst das Ergebnis der auszuführenden Arbeiten sein. Es handelt sich vielmehr nur darum, hier die Grundgedanken in einer hinreichend vollständigen Weise auszusprechen, damit die urteilsfähigen Geister sie einigermaßen einer Art vorläufiger Prüfung unterziehen können, indem sie sie mit den allgemein bekannten Tatsachen vergleichen. Diese Prüfung wird genügen, um die Überzeugung von der Möglichkeit hervorzurufen, die Politik in der Art der Beobachtungswissenschaften zu behandeln. Unser Hauptzweck wird erreicht sein, wenn wir diese Überzeugung bewirken können.

VI. Kultur und Politik

32. Die soziale Organisation als Funktion der Kultur

Genau gesprochen besteht die Kultur einerseits in der Entwicklung des menschlichen Geistes und andererseits in der Entwicklung der Einwirkungen des Menschen auf die Natur, welche die Folge der ersten ist. Mit anderen Worten, die Elemente, aus denen sich die Idee der Kultur zusammensetzt, sind die Wissenschaften, die Künste, die Industrie, wobei das letzte Wort in seinem ausgedehnten Sinne, wie immer bei mir, zu nehmen ist.

Betrachtet man die Kultur unter diesem genauen und elementaren Gesichtspunkte, so überzeugt man sich leicht, daß der Zustand der sozialen Organisation durchaus von dem der Kultur abhängt und daß er als eine Folge der letzteren angesehen werden muß, während die Phantasiepolitik sich als getrennt oder sogar als gänzlich unabhängig von ihr betrachtet.

Der Kulturzustand bestimmt notwendig den Zustand der sozialen Organisation, sowohl der geistigen wie der weltlichen, nach diesen beiden wichtigsten Beziehungen. Zuerst bestimmt er deren Natur dadurch, daß er den Zweck der Betätigung der Gesellschaft festlegt. Weiter bestimmt er deren wesentliche Form, da er die weltlichen wie geistigen sozialen Kräfte schafft und entwickelt, welche zur Leitung dieser allgemeinen Tätigkeit dienen sollen. Da die kollektive Betätigung des sozialen Körpers nur die Resultierende der individuellen Betätigungen aller ihrer Glieder ist, die auf einen gemeinsamen Zweck gerichtet sind, so kann sie offenbar nicht von anderer Natur sein als ihre Elemente, welche ihrerseits natürlich durch den mehr oder weniger vorgeschrittenen Zustand der Wissenschaften, der Künste und der Industrie bestimmt werden. Noch einleuchtender ist die Unmöglichkeit, sich die dauernde Existenz eines politischen Systems vorzustellen, welches die vorherrschenden sozialen Kräfte (deren Natur unabänderlich durch den Kulturzustand vorgeschrieben ist) nicht mit der obersten Macht ausstattete. Was hier die Überlegung ergibt, bestätigt die Erfahrung.

33. Das primitive System und seine Umgestaltung

Alle Formen der sozialen Organisation, welche bis jetzt bestanden haben, sind nur mehr oder weniger weitgehende Modifikationen eines einzigen Systems, des militärisch-theologischen. Die ursprüngliche Bildung dieses Systems ist eine offenkundige und notwendige Folge des unvollkommenen Kulturzustandes jener Zeiten. Die Industrie befand sich in der Kindheit, und daher mußte die Gesellschaft naturgemäß den Krieg als wesentlichsten Zweck ihrer Betätigung ansehen, namentlich wenn man überlegt, daß ein derartiger Zustand der Dinge die Mittel dazu erleichterte, während er gleichzeitig das Gesetz des Krieges durch die energischen Triebfedern erzwang, die auf den Menschen wirken, nämlich das Bedürfnis, zu leben und seine Fähigkeiten zu betätigen. Ebenso ist es klar, daß der theologische Zustand, in welchem sich damals alle einzelnen Disziplinen befanden, zwangsweise den gleichen Charakter allen allgemeinen Gedanken aufprägten, welche als soziales Band zu dienen hatten. Das dritte Element der Kultur, die schönen Künste, war damals vorherrschend, und diese haben wirklich hauptsächlich diese erste Organisation in regelmäßiger Weise begründet. Hätten sie sich nicht entwickelt, so könnte man sich nicht vorstellen, wie die Gesellschaft überhaupt sich hätte organisieren können.

Betrachtet man weiter die folgeweisen Änderungen, welche dieses primitive System bis zu unserer Zeit erfahren hat und welche von den Metaphysikern als ebenso viele verschiedene Systeme angesehen worden sind, so findet man das gleiche Resultat. Man erkennt in allen die unvermeidliche Wirkung der stets wachsenden Ausdehnung, welche das wissenschaftliche und industrielle Element erfahren, die am Anfange beinahe gleich Null waren. Derart ist der Übergang vom Polytheismus zum Theismus und später die Reform des Protestantismus hauptsächlich durch stetige, wenn auch langsame Fortschritte der positiven Kenntnisse bewirkt worden, oder mit anderen Worten durch den Einfluß der besonderen *neuen* Ideen, die langsam aufhörten, von derselben Ordnung zu sein, auf die älteren allgemeineren Ideen. Ebenso muß man im Gebiet der weltlichen Vorgänge den Übergang des römischen Staates in die Feudalordnung und, noch klarer, den Verfall dieser letzteren durch die Befreiung der Gemeinden und deren Folgen im wesentlichen der zunehmenden Bedeutung des technischen

Elementes zuschreiben. Alle allgemeinen Tatsachen beweisen mit einem Worte die enge Wechselwirkung zwischen der sozialen Organisation und dem Kulturzustande.

34. Kultur und Politik

Die besten Geister, diejenigen, welche sich am meisten der positiven Auffassung der Politik genähert haben, beginnen heute, dieses grundlegende Prinzip zu begreifen. Sie empfinden, daß es eine Torheit ist, das politische System als unabhängig von anderen Faktoren zu betrachten und aus ihm die Kräfte der Gesellschaft abzuleiten, da doch umgekehrt die Politik ihre Kräfte aus der Gesellschaft entnehmen muß, wenn sie nicht zur Wirkungslosigkeit verdammt sein will. Sie machen kurz gesagt schon die Voraussetzung, daß die politische Ordnung nichts ist und nichts sein kann als der Ausdruck der bürgerlichen Ordnung, was mit anderen Worten heißt, daß die *vorwiegenden* sozialen Kräfte schließlich mit unbedingter Notwendigkeit auch die *leitenden* werden. Hier ist nur noch ein Schritt zu tun, um zu der Erkenntnis zu gelangen, daß das System der Politik dem Kulturzustande untergeordnet werden muß. Denn wenn es klar ist, daß die politische Ordnung ein Ausdruck der bürgerlichen ist, so ist es mindestens ebenso einleuchtend, daß die bürgerliche Ordnung ihrerseits nichts ist, als der Ausdruck des jeweiligen Kulturzustandes.

Zweifellos wirkt die soziale Organisation ihrerseits unvermeidlich und mehr oder weniger energisch auf die Kultur zurück. Aber dieser Einfluß ist trotz seiner sehr großen Bedeutung nur sekundär und darf nicht zu einer Umkehrung der natürlichen Ordnung der gegenseitigen Abhängigkeit führen. Der Beweis, daß diese Ordnung tatsächlich die dargelegte ist, läßt sich aus dieser Wechselwirkung selbst entnehmen, wenn man sie angemessen untersucht. Denn es ist eine regelmäßige Erfahrung, daß, wenn die soziale Organisation in einem Sinne errichtet ist, welcher der Kultur nicht entspricht, diese letztere schließlich immer das Übergewicht über die erste gewinnt.

Man muß somit als eine der zwei Grundideen, die den Geist der positiven Politik festlegen, aussprechen, *daß die soziale Organisation weder in der Gegenwart noch in der Vergangenheit als unabhängig von dem Zustand der Kultur betrachtet werden darf,* als dessen notwendiges Produkt vielmehr angesehen werden muß. Wenn man zur Erleichterung der Untersuchung es zuweilen nützlich findet, sie einzeln zu studieren, so muß diese Abstraktion stets als bloß vorläufig aufgefaßt werden und darf niemals den Blick von der Reihenfolge ablenken, welche durch die Natur der Dinge gegeben ist.

35. Das Gesetz des Kulturfortschrittes

Die zweite fundamentale Idee besteht darin, *daß der Fortschritt der Kultur sich nach einem notwendigen Gesetz vollzieht.* Die Erfahrung der Vergangenheit beweist auf das bestimmteste, daß die Kultur in ihrer fortschreitenden Entwicklung einen natürlichen und unabänderlichen Weg nimmt, welcher durch die Gesetze der menschlichen Organisation bedingt ist und welcher daher seinerseits das oberste Gesetz aller politischen Vorgänge darstellt.

Es kann hier offenbar nicht in Frage kommen, die Charaktere dieses Gesetzes mit Genauigkeit auseinanderzusetzen, noch auch seine Verifikation durch die geschichtlichen Tatsachen selbst in flüchtigster Weise durchzuführen. Es handelt sich hier nur darum, einige Betrachtungen über diese fundamentale Idee anzustellen.

Eine erste Betrachtung muß die Notwendigkeit erweisen, die Existenz eines solchen Gesetzes zur Deutung der politischen Phänomene anzunehmen.

Alle diejenigen, welche eine gewisse Kenntnis der wichtigsten historischen Tatsachen haben, wie sonst auch ihre spekulativen Ansichten beschaffen sein mögen, stimmen darin überein, daß die Gesamtheit der politisch organisierten Menschen seit den ältesten historischen Zeiten bis auf unsere Tage in der Kultur ununterbrochene Fortschritte gemacht hat. In diesem Satze ist unter dem Wort Kultur das verstanden, was oben dargelegt worden ist, mit Einschluß der sozialen Organisation als ihrer notwendigen Folge.

Man kann keinen verständigen Zweifel bezüglich dieser großen Tatsache für die Epoche erheben, welche sich vom 11. Jahrhundert bis zur Gegenwart erstreckt, d. h. seit der Einführung der Beobachtungswissenschaften in Europa durch die Araber und der Befreiung der Gemeinden. Aber sie ist nicht weniger unwidersprechlich für die vorangegangene Zeit. Die Gelehrten haben heute allgemein anerkannt, daß die Behauptungen der Philologen bezüglich der überaus vorgeschrittenen wissenschaftlichen Kenntnisse der Alten durchaus keine wirkliche

Grundlage haben. Es ist bewiesen, daß die Araber sie übertroffen haben. Ebenso und noch viel evidenter verhält es sich mit der Industrie, wenigstens mit all den Teilen derselben, die eine wirkliche Geschicklichkeit erfordern und die nicht das Ergebnis von rein zufälligen Umständen sind. Selbst wenn man die schönen Künste ausnehmen wollte, so würde auch diese Ausnahme, die sich auf ganz natürliche Weise erklärt, der Behauptung noch eine genügende Allgemeinheit lassen. Was schließlich die soziale Organisation anlagt, so ist es absolut evident, daß sie in derselben Zeit Fortschritte von erster Ordnung gemacht hat, sowohl durch die Aufrichtung des Christentums wie auch durch die Ausbildung der feudalen Ordnung, welche die griechischen und römischen Organisationen weit übertreffen.

Es ist somit sicher, daß die Kultur beständig in allen Beziehungen vorgeschritten ist.

Andererseits kann man nicht umhin anzuerkennen, wenn man auch die ebenso blinden wie ungerechten Verleumdungen ablehnt, welche durch die Metaphysik eingeführt worden sind, daß dem Kindheitszustande der damaligen Politik gemäß die praktischen Kombinationen, welche auf die Entwicklung der Kultur gerichtet waren, nicht immer diesen Zweck am besten erfüllten und sogar häufig eine viel stärkere Tendenz aufwiesen, sie zu stören, als sie zu fördern. Es hat Epochen gegeben, innerhalb deren jede politische Tätigkeit nur auf einen durchaus stationären Zustand führte. Dies gilt im allgemeinen für die Perioden des *Verfalls* der Systeme, z. B. die des Kaisers *Julian*, die von *Philipp* dem Zweiten und den Jesuiten und zuletzt die von *Bonaparte*. Hierbei muß man übrigens beachten, daß gemäß der vorangegangenen Erörterung die soziale Organisation den Gang der Kultur nicht bestimmt, sondern umgekehrt deren Ergebnis ist.

Die häufige Heilung von Krankheiten unter dem Einflusse von Behandlungsweisen, die offenkundig falsch waren, haben die Mediziner mit der machtvollen Wirkung bekannt gemacht, welche jeder lebende Körper betätigt, um die zufälligen Störungen seiner Organisation auszugleichen. In derselben Weise ist durch den Fortschritt der Kultur trotz aller ungünstigen politischen Kombinationen klar bewiesen, daß diese einen naturgemäßen Weg verfolgt, welcher unabhängig ist von all diesen Kombinationen und sie seinerseits beherrscht. Wenn man dieses Prinzip nicht annehmen wollte, so gäbe es überhaupt kein anderes Mittel, um die Tatsache zu erklären, daß die Kultur fast immer durch die begangenen Fehler eher begünstigt als verzögert worden ist, als zu jener übernatürlichen, unmittelbaren und stetigen Leitung seine Zuflucht zu nehmen, wie sie die theologische Politik lehrt.

Übrigens ist sachgemäß zu diesem Gegenstande zu bemerken, daß man allzu oft gewisse Ursachen als ungünstig für den Fortschritt der Kultur angesehen hat, welche es nur scheinbar sind. Der Grund hierfür ist hauptsächlich, daß selbst die besten Köpfe bisher eines der wesentlichsten Gesetze der organisierten Körper nicht beachtet haben, das seine Anwendung ebenso auf das kollektiv sich betätigende menschliche Geschlecht findet wie auf ein einzelnes Individuum. Dieses Gesetz besagt, daß bis zu einem gewissen Grade Widerstände notwendig sind zur vollkommenen Entwicklung aller Kräfte. Aber diese Bemerkung beeinflußt durchaus nicht die vorangegangene Überlegung. Denn wenn auch die Widerstände nötig dazu sind, daß die Kräfte sich entwickeln, so sind sie doch nicht deren Ursache.

Der Schluß, welcher aus dieser ersten Betrachtung folgt, wird sehr erheblich verstärkt, wenn man Rücksicht auf die bemerkenswerte Identität nimmt, welche in der Entwicklung der Kultur der verschiedenen Völker beobachtet worden ist, zwischen denen man vernünftigerweise keinerlei politische Beziehungen annehmen darf. Diese Identität kann nur darauf beruhen, daß die Kultur überhaupt einen natürlichen Weg geht, welcher für alle Völker derselbe ist, weil er durch die Grundgesetze der menschlichen Organisation bedingt ist, die ihrerseits allen gemein ist. So sind beispielsweise die Sitten der ersten Zeit der Griechen, wie *Homer* sie schildert, in unseren Tagen mit großer Ähnlichkeit bei den wilden Völkern des nördlichen Amerikas wiedergefunden worden. Der Feudalismus bei den Malayen hat denselben westlichen Charakter, den er in Europa im 11. Jahrhundert gehabt hat usw., was sich alles nur auf die eine Weise erklären läßt.

36. Einfluß des Zufalls

Eine zweite Betrachtung macht die Existenz eines Naturgesetzes, welches die Entwicklung der Kultur bestimmt, besonders deutlich.

Nimmt man entsprechend der oben dargelegten Bemerkung

an, daß der Zustand der sozialen Ordnung eine notwendige Folge des Zustandes der Kultur ist, so wird man aus der Beobachtung ihres Ganges dieses komplizierte Element aussondern können und, was man bei den anderen beobachtet haben wird, wird ebenso hier als Folgerung anwendbar sein.
Reduziert man dergestalt die Frage auf ihre einfachsten Elemente, so kann man leicht feststellen, daß die Kultur einem bestimmten und unveränderlichen Gange unterworfen ist.
Eine oberflächliche Philosophie, welche aus dieser Welt ein Theater mit Wundererscheinungen macht, hat den Einfluß des Zufalles, d. h. den Einfluß der isolierten Ursachen auf die menschlichen Angelegenheiten weitgehend übertrieben. Diese Übertreibung ist insbesondere in den Wissenschaften und den Künsten offenbar. Unter anderen bemerkenswerten Beispielen kann die seltsame Bewunderung angeführt werden, von der einige geistreiche Männer erfüllt sind, wenn sie daran denken, wie *Newton* das allgemeine Gravitationsgesetz durch den Fall eines Apfels entdeckt hat.
Heute erkennen alle verständigen Männer an, daß der Zufall nur einen unbegrenzt kleinen Anteil an den wissenschaftlichen und technischen Entdeckungen hat, daß er nur bei Entdeckungen von geringer Bedeutung irgendeine Rolle spielt. Aber diesem Irrtum ist ein anderer gefolgt, welcher viel weniger unvernünftig an sich ist, aber in seiner Wirkung fast die gleichen Nachteile mit sich bringt. Die Rolle des Zufalls ist mit ähnlichem Grundgedanken auf die Tätigkeit des Genies übertragen worden. Auch diese Übertragung erklärt durchaus nicht besser die Taten des menschlichen Geistes.
Denn die Geschichte der menschlichen Kenntnisse beweist auf die allereindringlichste Weise, und die besten Geister haben es bereits anerkannt, daß alle Arbeiten in den Wissenschaften und Künsten in gegenseitiger Abhängigkeit stehen, sei es innerhalb derselben Generation, sei es von einer zur andern. So bereiten die Entdeckungen einer Generation die der folgenden vor, wie sie ihrerseits durch die der vorangegangenen vorbereitet worden waren. Man hat festgestellt, daß die Kraft des isolierten Genies sehr viel kleiner ist, als man sie bisher angenommen hatte. Auch die Männer, welche den größten und gerechtesten Ruhm durch ihre Entdeckungen verdienen, verdanken fast immer den größten Teil ihrer Erfolge Vorgängern auf dem Wege, den sie selbst zurückgelegt haben. Mit einem

Wort, der menschliche Geist folgt bei der Entwicklung der Wissenschaften und Künste einer bestimmten Linie, welche stärker ist als die größten intellektuellen Kräfte, die ihrerseits sozusagen nur als vorbestimmte Instrumente erscheinen, um zu der gegebenen Zeit nacheinander die erforderlichen Entdeckungen zu machen.

Beschränkt man sich auf die Betrachtung der Wissenschaften, deren Weg man mit verhältnismäßiger Leichtigkeit seit den ältesten Zeiten verfolgen kann, so sieht man tatsächlich, daß die großen historischen Epochen einer jeden von ihnen, d. h. ihre Übergänge aus dem theologischen Zustand in den metaphysischen und schließlich in den positiven, streng bestimmt sind. Diese drei Zustände folgen notwendig aufeinander nach dieser Ordnung, die ihrerseits auf der Natur des menschlichen Geistes beruht. Der Übergang von dem einen zum andern vollzieht sich nach einer Reihenfolge, dessen hauptsächliche Schritte für alle Wissenschaften ähnlich sind und von der das größte Genie auch nicht eine einzige wesentliche Zwischenstufe überspringen kann. Wenn man von dieser allgemeinen Einteilung zu den Untereinteilungen des wissenschaftlichen oder definitiven Zustandes übergeht, so kann man wieder dasselbe Gesetz beobachten. So ist beispielsweise die große Entdeckung der allgemeinen Gravitation durch die Arbeiten der Astronomen und Geometer des 16. und 17. Jahrhunderts vorbereitet worden, insbesondere durch die von *Kepler* und *Huygens*, ohne welche sie unmöglich gewesen wäre und welche ihrerseits die Entdeckung früher oder später mit Notwendigkeit hervorbringen mußten.

Es kann nach dem Gesagten somit nicht zweifelhaft sein, daß der Gang der Kultur in seinen Elementen einem konstanten Naturgesetz unterliegt, welches alle besonderen menschlichen Mannigfaltigkeiten umfaßt. Da der Zustand der sozialen Reorganisation die notwendige Folge des Zustandes der Kultur ist, so ist der gleiche Schluß somit auf die Kultur selbst anwendbar, ob man sie in ihrer Gesamtheit oder in ihren Elementen betrachtet.

37. Praktische Anwendung. Die Stetigkeit der Kulturfolge

Die beiden oben dargelegten Betrachtungen genügen zwar noch nicht, um den notwendigen Gang der Kultur vollständig darzustellen. Doch reichen sie aus, die Existenz dieses Gesetzes klar zu machen und die Möglichkeit zu zeigen, daß man alle Einzelheiten der Kulturentwicklung mit Genauigkeit dadurch bestimmen kann, daß man die Vergangenheit mit vertiefter Beobachtung studiert. Auf solche Weise kann eine positive Politik geschaffen werden.

Nun handelt es sich noch darum, genau den praktischen Zweck dieser Wissenschaft festzulegen, sowie deren allgemeine Berührungspunkte mit den Bedürfnissen der Gesellschaft und insbesondere mit der großen Reorganisation aufzudecken, welche so unbedingt durch den gegenwärtigen Zustand des sozialen Körpers erfordert wird.

Für diesen Zweck sind zunächst die Grenzen zu bestimmen, auf welche jede tatsächliche politische Tätigkeit beschränkt bleiben muß.

Das fundamentale Gesetz, welches den natürlichen Gang der Kultur regelt, verlangt unbedingt das Auftreten *aller* folgeweisen Zustände, durch welche das Menschengeschlecht bei seiner allgemeinen Entwicklung gehen muß. Andererseits folgt dieses Gesetz notwendig aus der instinktiven Tendenz des menschlichen Geschlechtes, sich zu vervollkommnen. Infolgedessen liegt es ebensoweit oberhalb jeder Möglichkeit, von uns beeinflußt zu werden, wie die individuellen Instinkte, deren Verbindung diese allgemeine Tendenz bewirkt.

Da keine bekannte Tatsache uns gestattet anzunehmen, daß der menschliche Organismus einer grundlegenden Veränderung unterworfen ist, so ist der Gang der Kultur, welcher aus ihr folgt, bezüglich der Grundlinien im wesentlichen unveränderlich. Genauer ausgedrückt, *keine Zwischenstufe, welche er verlangt, kann übersprungen werden und kein wirklicher Rückschritt kann geschehen.*

Die einzige Sache in dem Gang der Kultur, welche innerhalb gewisser Grenzen mehr oder weniger veränderlich ist, ist ihre *Geschwindigkeit*, da diese von mehreren physischen und moralischen Ursachen abhängt, welche geschätzt werden können. Unter diesen Ursachen befinden sich die politischen Verhältnisse. Dies ist der einzige Sinn, in welchem es dem Menschen ermöglicht ist, einen Einfluß auf den Gang seiner eigenen Kultur zu nehmen.

Diese Einwirkung ist bezüglich der Art durchaus analog der, welche wir bezüglich des Individuums ausüben können. Und diese Analogie rührt natürlich von der Gleichheit der Ursache

her. Man kann durch angemessene Mittel bis zu einer gewissen Grenze die Entwicklung eines individuellen Instinktes beschleunigen oder verzögern. Aber man kann ihn weder zerstören noch umwandeln. Ebenso verhält sich der Instinkt der Art, wobei bezüglich jener Grenze das Verhältnis zwischen dem Leben der Art und dem des Individuums in Betracht zu ziehen ist.
Der natürliche Entwicklungsgang der Kultur bestimmt somit für jede Zeit und unabhängig von jeder Annahme die Art der Verbesserungen, welche der gesellschaftliche Zustand erfahren kann, sowohl bezüglich seiner Elemente, wie bezüglich der Gesamtheit. Nur solche Fortschritte können durchgeführt werden und werden notwendig durchgeführt, sei es mit Hilfe der Kombinationen, welche die Philosophen und Staatsmänner ausführen, sei es trotz dieser Kombinationen.
Alle Männer, welche eine wirkliche und dauerhafte Wirkung auf das Menschengeschlecht in weltlicher wie in geistiger Beziehung ausgeübt haben, sind von dieser grundsätzlichen Wahrheit geleitet und gestützt worden, welche der dem Genie eigene Instinkt sie hat ahnen lassen, wenn sie auch bisher noch nicht durch einen methodischen Beweis begründet worden ist. Sie haben zu jeder Zeit bemerkt, welche Änderungen sich gemäß dem jeweiligen Zustand der Kultur zu betätigen strebten, und sie haben diese Änderungen verkündigt, indem sie ihren Zeitgenossen die entsprechenden Lehren und Einrichtungen vorschlugen. Wenn ihre Auffassung dem wirklichen Zustand der Dinge sehr nahe war, so wurden derartige Änderungen fast unmittelbar durchgeführt und befestigt. Neue soziale Kräfte, welche sich im stillen seit langem entwickelt haben, haben sich plötzlich auf ihren Ruf auf der politischen Szene mit der ganzen Kraft der Jugend eingestellt.

38. Bisherige fehlerhafte Ansichten

Da die Geschichte bisher nur in einem sehr oberflächlichen Sinne geschrieben und studiert worden ist, so haben derartige Zusammentreffen, derartige überraschende Wirkungen die Menschen nicht belehrt, wie es sein sollte, sondern sie nur in Erstaunen gesetzt. Diese schlecht verstandenen Tatsachen haben sogar beigetragen, den theologischen und metaphysischen Aberglauben von der unbegrenzten und schöpferischen Gewalt der Gesetzgeber über der Kultur aufrecht zu erhalten. Sie unterstützen noch jetzt diese abergläubische Vorstellung in solchen Geistern, welche sie sonst verwerfen würden, wenn sie sich nicht scheinbar durch die Beobachtung belegen ließe. Diese unerwünschte Wirkung rührt daher, daß man bei diesen großen Ereignissen immer nur die *Menschen* betrachtet hat und niemals die Verhältnisse, welche mit unwiderstehlicher Gewalt jene vorwärtstrieben. Statt den entscheidenden Einfluß der Kultur anzuerkennen, sieht man die Bemühungen dieser vorausschauenden Männer als die wahren Ursachen der stattfindenden Fortschritte an, welche doch auch ohne ihr Eingreifen eingetreten wären, wenn auch später. Man wundert sich nicht über das enorme Mißverhältnis der angenommenen Ursache zur Wirkung, obwohl dieses Mißverhältnis die Erklärung noch viel unverständlicher macht, als die Tatsache selbst ist. Man hält sich an das, was äußerlich erscheint, und man vernachlässigt das wirkliche, was dahintersteht. Mit einem Wort, man nimmt nach dem geistreichen Ausdruck der Frau v. Staël die Schauspieler für das Stück.

Dieser Irrtum ist von durchaus der gleichen Beschaffenheit, wie der der Indianer, welche *Christoph Kolumbus* als Schöpfer der Sonnenfinsternis ansahen, die er nur vorausgesehen hatte.

Ganz allgemein kann man sagen: wenn der Mensch eine große Wirkung auszuüben scheint, so tut er das sicher nicht aus eigenen Kräften, die stets sehr gering sind. Es wirken immer die äußeren Kräfte für ihn nach eigenen Gesetzen, auf die er keinen Einfluß hat. Seine ganze Macht beruht in seiner Intelligenz, welche ihn instand setzt, diese Gesetze aus der Beobachtung zu entnehmen, ihre Wirkungen vorauszusehen und infolgedessen sie für den von ihm vorgestellten Zweck zu benutzen, was aber auch nur möglich ist, wenn er diese Kräfte gemäß ihrer Natur anwendet. Ist die Wirkung einmal hervorgebracht worden, so veranlaßt die Unkenntnis der Naturgesetze den Betrachter und zuweilen auch den Täter selbst, der *Kraft* des Menschen das zuzuschreiben, was nur auf seiner *Voraussicht* beruhte.

Diese allgemeinen Betrachtungen finden auf politische Betätigungen ebenso Anwendung, und zwar aus denselben Gründen, wie auf physikalische, chemische oder physiologische. Jede politische Tat bringt eine wirkliche und dauerhafte Wirkung hervor, wenn sie sich in gleichem Sinne betätigt, wie die Kraft der Kultur, d. h. wenn sie Vorgänge hervorzurufen strebt, wel-

che durch diese Kraft zur Zeit verlangt werden. Die Wirkung ist Null oder mindestens vorübergehend, wenn diese Bedingung nicht erfüllt ist.
Der schlimmste Fall ist zweifellos, wenn der Gesetzgeber im weltlichen oder im geistigen Gebiet sich (absichtlich oder nicht) in einem rückschrittlichen Sinne betätigt. Denn er betätigt sich alsdann im Gegensatz zu dem, was er überhaupt allein mit seiner Kraft verrichten könnte. Aber die natürliche Entwicklung wirkt soweit als genauer Regulator jedes politischen Vorganges, daß eine Beeinflussung auch dann unwirksam bleibt, wenn sie den Zustand stärker vorschreiten lassen möchte, als das Gesetz es bestimmt, obwohl in diesem Falle beide Kräfte im gleichen Sinne wirken. Die Erfahrung beweist tatsächlich, daß der Gesetzgeber, mit welcher Macht er auch ausgestattet sei, notwendig scheitert, wenn er Verbesserungen durchzuführen unternimmt, welche zwar in der Richtung des natürlichen Fortschrittes der Kultur liegen, sich aber allzu weit von deren gegenwärtigem Zustande entfernen. So hat beispielsweise das große Unternehmen *Josephs II.* Österreich mehr zu kultivieren, als dies seinem damaligen Zustand entsprach, sich ebenso unwirksam erwiesen, wie die immensen Anstrengungen *Bonapartes*, Frankreich in den feudalen Zustand zurückzuzwingen, obwohl beide Männer über die ausgedehnteste willkürliche Macht verfügten.

VII. Der Geist der positiven Politik

39. Grenzen der Politik

Aus diesen Betrachtungen folgt, daß die wahre, die positive Politik ebensowenig versuchen darf, die Erscheinungen zu regieren, wie das die anderen Wissenschaften versuchen. Diese haben längst das eitle Trugbild, das ihre Kindheit charakterisiert, aufgegeben, um sich auf die Beobachtung der Tatsachen und ihrer gegenseitigen Beziehungen zu beschränken. Die Politik muß dasselbe tun. Sie muß sich ausschließlich damit beschäftigen, alle einzelnen Tatsachen zu ordnen, die sich auf den Entwicklungsgang der Kultur beziehen, und sie auf die möglichst kleine Zahl allgemeiner Tatsachen zu reduzieren, aus deren Zusammenhang sich das Naturgesetz dieses Fortschrittes klar ergeben wird. Auch muß sie den Einfluß der verschiedenen Ursachen auf die Geschwindigkeit dieser Entwicklung bestimmen.

Der praktische Nutzen einer derartigen Poltik der Beobachtung kann nun mit Leichtigkeit gekennzeichnet werden.

Die gesunde Politik kann nicht zum Zweck haben, das Menschengeschlecht erst in Bewegung zu setzen, da dieses sich aus eigenen Kräften und vermöge eines eben so notwendigen, wenn auch mannigfaltigeren Gesetzes bewegt, wie das der Gravitation ist. Sie hat vielmehr den Zweck, diesen Gang zu *erleichtern,* indem sie ihn *erleuchtet.*

40. Bewußte Politik

Es besteht ein sehr großer Unterschied darin, dem Gang der Kultur zu gehorchen, ohne sich von ihm Rechenschaft zu geben, oder ihm zu gehorchen unter Kenntnis seiner Ursachen. Die Änderungen, welche er bedingt, finden nicht weniger im ersten Falle wie im zweiten statt, aber sie verlaufen sehr viel langsamer und vollziehen sich insbesondere nicht, ohne in der Gesellschaft mehr oder weniger schwere und unheilbringende Stöße hervorgerufen zu haben, je nach der Natur und Bedeutung dieser Änderung. Die Reibungen aller Art aber, welche daraus für den sozialen Körper erfolgen, können zum größten Teil vermieden werden durch Mittel, welche auf genauer Kenntnis der Änderungen begründet sind, die sich zu vollziehen bestreben.

Diese Mittel bestehen darin, daß man den unmittelbaren Ablauf der Verbesserungen bewerkstelligt, statt abzuwarten, daß sie sich durch die Kraft der Verhältnisse allein und unter all den Hindernissen vollziehen, welche durch die Unwissenheit bedingt sind. Mit anderen Worten: der wesentliche Zweck der praktischen Politik besteht darin, die heftigen Revolutionen zu vermeiden, welche aus den unverstandenen Hindernissen entstehen, die sich dem Entwicklungsgang der Kultur entgegenstellen oder, genauer gesagt, sie auf einen einfachen moralischen Fortschritt zu reduzieren, welcher ebenso regelmäßig, wenn auch lebhafter ist, wie diejenigen Fortschritte, welche die Gesellschaft unter gewöhnlichen Zuständen sanft bewegen. Um aber diesen Zweck zu erreichen, ist es offenbar unumgänglich nötig, mit einer möglichst großen Genauigkeit die tatsächliche Tendenz der Kultur zu kennen, um dieser die politische Betätigung anzupassen.

41. Hindernisse

Natürlich würde es unverständig sein zu hoffen, daß solche Bewegungen, welche mehr oder weniger den Ehrgeiz und die Interessen ganzer Klassen beeinträchtigen, sich auf eine vollkommen ruhige Weise vollziehen könnten. Aber es ist nichtsdestoweniger sicher, daß man bisher dieser Ursache für die Erklärung der stürmischen Revolutionen eine zu große Bedeutung zugeschrieben hat, da deren Heftigkeit noch zum größten Teil auf der Unkenntnis der Naturgesetze beruht hat, welche den Gang der Kultur regeln.
Es ist nur zu gewöhnlich, daß man dem Egoismus zuschreibt, was wesentlich auf Unwissenheit beruht. Dieser schlimme Irrtum trägt sehr viel dazu bei, die Aufregung zwischen den Menschen in ihren privaten wie allgemeinen Beziehungen nicht zur Ruhe kommen zu lassen. Ist es aber in jedem Falle nicht einleuchtend, daß die Menschen, welche bisher sich haben verleiten lassen, sich tatsächlich dem Gang der Kultur entgegenzustemmen, dieses nicht versucht hätten, wenn der Gegensatz ihnen zuverlässig bewiesen worden wäre? Niemand ist so unvernünftig, sich wissentlich gegen die Natur der Dinge empören zu wollen. Niemand würde sich entschließen, eine Handlung zu verrichten, von der er mit Klarheit voraussieht, daß sie vergeblich ist. Somit sind die Beweise der wissenschaftlichen Politik fähig, auf Klassen einzuwirken, welche sonst vermöge ihrer

Vorurteile und Interessen geneigt wären, sich gegen den Gang der Kultur zu empören.

Man darf zweifellos den Einfluß der Intelligenz auf das Verhalten der Menschen nicht allzu hoch anschlagen. Aber sicherlich hat doch die Kraft eines Beweises eine viel größere Bedeutung, als man ihr bisher zugeschrieben hat. Die Geschichte des menschlichen Geistes beweist, daß diese Kraft sehr häufig ganz allein Veränderungen bewirkt hat, bei denen sie gegen die größten menschlichen Kräfte ankämpfen mußte. Um nur das bemerkenswerteste Beispiel zu erwähnen, so hat allein die Kraft der positiven Beweise die Menschheit dazu veranlaßt, die Lehre von der Bewegung der Erde anzunehmen, welche nicht nur den Widerstand der theologischen Macht zu überwinden hatte, der damals noch sehr stark war, sondern insbesondere auch eine selbstverständliche Überzeugung des ganzen Menschengeschlechtes, welche sich dazu noch auf die wahrscheinlichsten Gründe stützte, welche eine falsche Idee jemals zu ihren Gunsten zur Geltung zu bringen vermochte. Derartige maßgebende Erfahrungen sollten uns davon überzeugen, welche entscheidende Kraft in den wirklichen Beweisen ruht. Der Hauptgrund dafür, daß die Staatsmänner sich zu so großen praktischen Irrtümern haben verführen lassen, liegt darin, daß in der Politik noch niemals ein solcher Beweis durchgeführt worden ist. Wenn derartige Beweise vorgebracht werden, so werden jene Irrtümer bald aufhören.

Übrigens erkennt man bald, wenn man auch nur die Interessen allein in Betracht zieht, daß die positive Politik Mittel liefern muß, um gewaltsame Revolutionen zu vermeiden.

Wenn in der Tat die Vervollkommnungen, welche durch den Fortschritt der Kultur erfordert werden, sich meist gegen gewisse Ambitionen und Interessen durchsetzen müssen, so bestehen doch gleichzeitig auch andere Interessen, welche ihnen günstig sind. Außerdem betätigen sich durch den Umstand selbst, daß diese Fortschritte bis zur Reife gediehen sind, die reellen Kräfte zu ihren Gunsten stärker als die entgegengesetzten, wenn es auch nicht immer den Anschein hat. Selbst wenn man bezüglich der letzteren Zweifel hegt, ob die positive Kenntnis der Kulturentwicklung ausreichen könnte, um sie zu veranlassen, mit Resignation sich einem unvermeidlichen Gesetz zu unterwerfen, so würde doch dessen Bedeutung bezüglich der anderen Kräfte offenbar nicht in Frage gestellt werden können. Die aufsteigenden Klassen würden, geleitet durch diese Kenntnis, klar den Zweck erkennen, den sie zu erreichen berufen sind und sich nunmehr ihrem Ziel auf geradem Wege nähern, statt sich mit Tasten und Irren zu ermüden. Sie würden mit Sicherheit die Mittel organisieren, um von vornherein alle Widerstände aufzuheben und ihren Gegnern den Übergang auf die neue Ordnung der Dinge zu erleichtern. Mit einem Wort, der Sieg der Kultur würde sich so schnell und gleichzeitig so ruhig vollziehen, als die Natur der Sachen es nur gestattet.

42. Das Wellengesetz der Geschichte

Fassen wir alles zusammen, so finden wir, daß der Gang der Kultur sich genau gesagt nicht nach einer geraden Linie vollzieht. Er setzt sich aus einer Anzahl von fortschreitenden *Oszillationen* zusammen, die mehr oder weniger weit und mehr oder weniger langsam zu beiden Seiten einer mittleren Linie verlaufen, und ist in dieser Beziehung vergleichbar dem Mechanismus des Gehens. Nun können aber diese Wellenbewegungen kürzer und schneller durch solche politische Kombinationen gemacht werden, welche auf der Kenntnis der mittleren Bewegung beruhen, die sich ihrerseits stets durchzusetzen strebt. Das ist die dauernde praktische Nützlichkeit einer solchen Kenntnis. Sie hat offenbar um so mehr Bedeutung, je bedeutungsvoller die Änderungen sind, die der Gang der Kultur erfordert. Diese Nützlichkeit besteht deshalb gegenwärtig im allerhöchsten Grade, weil die soziale Reorganisation, die allein die gegenwärtige Krisis beenden kann, die tiefstgreifende von allen Revolutionen ist, welche das menschliche Geschlecht bisher erlebt hat.
Die Grundlage der allgemeinen praktischen Politik, ihr positiver Ausgangspunkt ist somit die Bestimmung der Tendenz der Kultur, um die politische Tätigkeit an diese anzupassen und dadurch die unvermeidlichen Krisen, denen das Menschengeschlecht bei seinen folgeweisen Übergängen durch die verschiedenen Stufen der Kultur unterworfen ist, so sanft und kurz als möglich zu machen.

43. Die Bedeutung der Kulturgeschichte

Gute Köpfe, die aber wenig bekannt sind mit dem Vorgehen, das der menschliche Geist erfordert, und welche auch die Notwendigkeit zugeben, diese Tendenz der Kultur zu bestimmen, um aus ihr eine feste und positive Grundlage für die politischen Kombinationen zu finden, könnten denken, daß es hierzu nicht erforderlich ist, den allgemeinen Gang der Kultur seit ihren Anfängen zu ermitteln und daß es genügt, sie in ihrem gegenwärtigen Zustande zu betrachten. Dieser Gedanke ist naheliegend bei den engen Gesichtspunkten, unter denen bisher die Politik angesehen worden ist. Aber es ist nicht schwer, seine Irrtümlichkeit zu erweisen.

Die Erfahrung hat gezeigt, daß sobald der Geist des Menschen sich in positiver Richtung bewegt, viele Vorteile und kein Nachteil damit verbunden sind, daß er sich zu einem möglichst hohen Grade der Allgemeinheit erhebt, da es für ihn unverhältnismäßig viel leichter ist, abwärts als aufwärts zu steigen. In der Kindheit der positiven Physiologie hat man anfangs geglaubt, daß es zur Kenntnis der menschlichen Organisation ausreichend sei, wenn man den Menschen allein studierte; darin liegt ein Irrtum, der völlig dem hier vorliegenden ähnlich ist. Man hat seitdem begriffen, daß, wenn man sich hinreichend klare und ausgedehnte Vorstellungen vom menschlichen Organismus machen will, es unumgänglich notwendig ist, den Menschen als das Schlußglied der Reihe der Tiere zu betrachten und sogar nach einem noch allgemeineren Gesichtspunkt als ein Glied in der Gesamtheit der organischen Körper. Die Physiologie hat sich nicht früher als Wissenschaft entwickeln können, als seitdem der Vergleich der verschiedenen Klassen der Lebewesen in größtem Maßstabe durchgeführt und regelmäßig auf das Studium des Menschen angewendet worden ist.

In der Politik verhält es sich mit den verschiedenen Kulturzuständen wie mit den verschiedenen Organismen in der Physiologie. Nur sind die Gründe, welche uns veranlassen, die verschiedenen Kulturzustände zu untersuchen, noch viel dringender als die, welche die Physiologen veranlaßt haben, den Vergleich aller Organismen durchzuführen.

Zweifellos kann das Studim des gegenwärtigen Kulturzustandes für sich und unabhängig von denen, welche vorausgegangen sind, betrieben werden und sehr nützliche Materialien für die Gestaltung einer positiven Politik liefern, vorausgesetzt, daß die Tatsachen auf wahrhaft philosophische Weise beobachtet worden sind. Es ist sogar sicher, daß die wirklichen Staatsmänner durch derartige Studie die zufälligen Lehren verbessern konnten, welche sie bisher geleitet hatten, um sie den wirklichen Bedürfnissen der Gesellschaft weniger widersprechend zu gestalten. Aber es ist nicht weniger einleuchtend, daß ein derartiges Studium vollständig unzulänglich ist, um eine wahrhaft positive Politik zu ermöglichen. Dann sie ergibt nur Materialien. Mit einem Wort, die Untersuchung des gegenwärtigen Zustandes der Kultur für sich allein kann ebensowenig die gegenwärtige Tendenz der Gesellschaft bestimmen, wie dieses durch das Studium irgendeiner anderen isolierten Epoche möglich wäre.

Die Ursache hiervon ist, daß zur Feststellung eines Gesetzes ein einziger Punkt nicht genügt, da man mindestens drei haben muß, um die Beziehung, welche aus dem Vergleich zweier von ihnen abgeleitet werden kann, durch den dritten verifizieren zu können. Erst dann könnte man die folgenden Punkte bestimmen, was ja der Zweck jedes Gesetzes ist.

Verfolgt man den Gang einer Institution oder einer sozialen Idee oder auch eines Systems von Institutionen und eine vollständige Doktrin von ihrem Beginn bis zur gegenwärtigen Zeit, so findet man, daß von einem bestimmten Augenblick ab ihre Bedeutung entweder beständig *kleiner* oder beständig *größer* wird. So kann man mit vollständiger Sicherheit gemäß dieser Beobachtungsreihe das Schicksal voraussehen, das ihnen bestimmt ist. Im ersten Falle ist bewiesen, daß sie sich im Gegensinne zur Kulturbewegung befinden, woraus folgt, daß sie bestimmt sind zu verschwinden. Im zweiten Falle kann man im Gegenteil schließen, daß sie zuletzt herrschen werden. Die Zeit des Verfalles oder des Aufstieges kann sogar einigermaßen genau aus dem Betrage und der Geschwindigkeit der beobachteten Veränderungen berechnet werden. Eine derartige Untersuchung ist somit offenbar eine fruchtbare Quelle positiver Belehrung.

Was kann man aber andererseits aus der isolierten Beobachtung eines einzigen Zustandes lernen, in welchem alles vermischt ist, die absteigenden Lehren, Institutionen und Klassen, die aufsteigenden Lehren, Institutionen und Klassen und außerdem schließlich noch die vorübergehende Betätigung der Gewohnheiten des Augenblicks? Welcher menschliche Scharfsinn könnte in einem derartigen heterogenen Gemenge es vermeiden, die einen Elemente mit den anderen entgegengesetzten zu verwechseln? Wie könnte er die Wirklichkeiten, die so wenig Lärm zu machen pflegen, inmitten der Phantome erkennen, welche sich laut in der Öffentlichkeit betätigen? Offenbar könnte in einer derartigen Verwirrung der Beobachter nur sich blind vorwärts tasten, wenn er nicht durch die Vergangenheit geleitet wird, welche allein ihn lehren kann, seine Betrachtungen so zu führen, daß er die Dinge sieht, wie sie im Grunde sind.

Die chronologische Ordnung der Epochen ist nicht identisch mit ihrer philosophischen Ordnung. Statt zu sagen die Vergangenheit, die Gegenwart, die Zukunft müßte man sagen: die Vergangenheit, die Zukunft und die Gegenwart. Erst wenn man vermittels der Vergangenheit die Zukunft begriffen hat, kann man mit Erfolg auf die Gegenwart zurückgehen, die nur einen Punkt darstellt, und ihren wirklichen Charakter begreifen.

Diese Betrachtungen lassen sich auf jede Zeit anwenden und haben insbesondere aus besonders starken Gründen Anwendungen auf die unsere. Gegenwärtig bestehen drei verschiedene politische Systeme gleichzeitig im Schoße der Gesellschaft, das theologisch-feudale System, das wissenschaftlich-industrielle System und endlich das vorübergehende und gemischte System der Metaphysiker und Juristen. Es liegt unbedingt außerhalb der Kräfte des menschlichen Geistes, inmitten einer derartigen Verwirrung eine klare und genaue Analyse, eine tatsächliche und exakte Statik des sozialen Körpers aufzustellen, wenn man nicht Licht darauf durch die Fackel der Vergangenheit wirft. Man könnte leicht beweisen, daß ausgezeichnete Geister, welche bei besserer Anleitung fähig gewesen wären, sich zu einer wahrhaft positiven Politik zu erheben, nur deshalb in der Metaphysik versunken geblieben sind, weil sie den gegenwärtigen Zustand der Dinge für sich allein betrachtet oder weil sie die Reihe ihrer Betrachtungen nur nicht weit genug in die Vergangenheit zurück erstreckt hatten.

44. Zusammenfassung

Somit besteht die Gesamtheit der Arbeiten, die getan werden müssen, um für die Politik eine positive Theorie auszugestalten, welche den ebenso großen wie dringenden Bedürfnissen der Gesellschaft entspricht, in folgendem: zunächst in dem Studium, und zwar dem möglichst vertieften, möglichst vollständigen Studium aller Zustände, durch welche die Kultur seit ihren Anfängen bis zur Gegenwart gegangen ist. Sodann in der Zusammenfassung und Folge dieser Zustände, ihrer Zusammensetzung zu allgemeinen Tatsachen, aus denen die Prinzipien abgeleitet werden, welche die Naturgesetze der Kulturentwicklung ins Licht setzen. Ferner in der philosophischen Übersicht der sozialen Zukunft, wie sie sich aus der Vergangenheit ergibt, d. h. die Bestimmung des allgemeinen Reorganisationsplanes, wie er der gegenwärtigen Zeit zukommt. Endlich in der Anwendung dieser Resultate auf den augenblicklichen Zustand der Dinge zu dem Zweck, die Richtung zu bestimmen, welche man der politischen Betätigung geben muß, um den endgültigen Übergang auf den neuen sozialen Zustand zu bewerkstelligen.

45. Der Geist der positiven Politik

Dies ist die erste Reihe der theoretischen Untersuchungen, welche ich den vereinigten Kräften der Forscher Europas vorzuschlagen wage.

Alle die bisher angestellten Betrachtungen haben ausreichend den Geist der positiven Politik gekennzeichnet und werden ihren Gegensatz zu der theologischen und metaphysischen Politik mit größter Schärfe zur Geltung bringen.

Vergleicht man beide zunächst unter dem wichtigsten Gesichtspunkt, nämlich unter dem der gegenwärtigen Bedürfnisse der Gesellschaft, so versteht man alsbald die Überlegenheit der positiven Politik. Diese rührt daher, daß sie dort *entdeckt*, wo die anderen *erfinden*. Die theologische und metaphysische Politik erdenken sich das System, das dem gegenwärtigen Zustande der Kultur entspricht, nach der absoluten Bedingung, daß es das denkbar beste sein müsse. Die positive Politik bestimmt es aus der Beobachtung ausschließlich als das, welches durch den Gang der Kulturentwicklung zu entstehen bestrebt ist. Gemäß dieser verschiedenen Art des Vorgehens ist es ebenso unmöglich, daß die Politik der Einbildung die wirkliche soziale Reorganisation ausfindig macht, wie es unmöglich ist, daß die Politik der Beobachtung sie nicht findet. Die eine macht die größten Anstrengungen, das Heilmittel zu erfinden, ohne den Kranken zu untersuchen. Die andere geht von der Überzeugung aus, daß die hauptsächlichste Ursache der Genesung in der Lebenskraft des Kranken liegt und begnügt sich daher damit, durch die Beobachtung den natürlichen Ausgang der

Krisis vorauszusehen, um sie zu erleichtern, indem sie die durch Empirismus verursachten Hindernisse beseitigt.
In zweiter Linie kann die wissenschaftliche Politik allein den Menschen eine Theorie liefern, auf welche sie sich untereinander *einigen* können, was in gewissem Sinne die allerwichtigste Bedingung ist.
Die theologische und die metaphysische Politik, welche die bestmögliche Regierung zu finden trachten, bewirken hierdurch nur unendliches Gezänk, weil diese Frage überhaupt nicht lösbar ist. Das politische Regime muß notwendig dem Zustand der Kultur entsprechen und tut es auch. Und für jede Zeit gibt es ein bestes System, nämlich das, welches dem Zustande am besten entspricht. Es gibt deshalb keine politische Form und kann keine geben, welche allen anderen absolut vorzuziehen wäre; es gibt nur verschiedene Kulturzustände, welche verschiedene Grade des Fortschrittes darstellen. Die Institutionen, welche für eine Zeit gut sind, können für eine andere schlecht sein und sind es sogar in den meisten Fällen und umgekehrt. So ist beispielsweise das Sklaventum gegenwärtig eine Ungeheuerlichkeit, es war aber zur Zeit seines Ursprunges eine sehr schöne Einrichtung, weil es den Erfolg hatte, den Starken daran zu verhindern, daß er den Schwachen einfach tötete. Es war also eine unvermeidliche Zwischenstufe in der allgemeinen Entwicklung der Kultur. So ist die Freiheit, welche in angemessenem Umfange so nützlich für den einzelnen und das Volk ist, nachdem diese einen gewissen Grad von Bildung erreicht und gewisse Gewohnheiten der Voraussicht angenommen haben, da sie die Entwicklung dieser Eigenschaft erleichtert, für solche höchst schädlich, welche diese beiden Bedingungen noch nicht erfüllen und welche sowohl für sich selbst wie für die anderen es unbedingt nötig haben, daß sie unter Vormundschaft genommen werden. Somit hat es keinen Sinn, über die Frage einer absolut besten Regierung zu verhandeln. Es würde kein anderes Mittel geben, eine Harmonie herzustellen, als ganz und gar die Untersuchung des aufgestellten Planes zu verbieten, wie es die theologische Politik auch tut, die überhaupt konsequenter ist als die metaphysische. Denn da das System gedauert hat, so hat es sichtlich die Bedingungen der Dauerhaftigkeit erfüllt. Es ist bekannt, daß die Metaphysik, welche nach dieser Richtung der Einbildungskraft freies Spiel gab, bis zu dem Punkt geführt hat, die Nützlichkeit des sozialen Zustandes

für das Glück der Menschheit überhaupt in Zweifel zu ziehen oder sogar formell zu verneinen, woraus auf die deutlichste Weise die Unmöglichkeit hervorgeht, sich über derartige Fragen zu verständigen.

Im Gegensatz dazu besteht in der wissenschaftlichen Politik der praktische Zweck, das System zu bestimmen, welches der Gang der Kultur, den die Vergangenheit aufgewiesen hat, gegenwärtig hervorzurufen bestrebt ist. Dadurch wird die Frage völlig positiv und kann durchaus vermittels der Beobachtung entschieden werden. Es kann und muß die allerfreieste Untersuchung zugestanden werden, da man sonst Irrtümer zu befürchten hätte. Nach dem Ablauf einer gewissen Zeit würden alle kompetenten Köpfe und in der Folge auch alle anderen zu einem endgültigen Einverständnis über die Naturgesetze der Kulturentwicklung gelangen und ebenso über das System, welches sich daraus ergibt, wie verschieden auch ursprünglich ihre philosophischen Meinungen gewesen sein mögen, gerade ebenso wie man sich über die Gesetze des Sonnensystems, über die der menschlichen Organisation und viele andere zum Einverständnis durchgearbeitet hat.

Endlich ist die positive Politik der einzige Weg, auf welchem die Menschheit aus der Willkür herausgelangen kann, in welche sie versenkt bleiben wird, solange die theologische und die metaphysische Politik noch die Vorherrschaft haben.

Das Absolute in der Theorie führt notwendig zur Willkür in der Praxis. Solange das Menschengeschlecht angesehen wird, als wäre es von jedem ihm eigenen Trieb frei und müßte seine Richtung von dem Gesetzgeber erhalten, bleibt notwendig im höchsten Grade und für die wichtigsten Verhältnisse Willkür bestehen, trotz der beredtsten Deklamationen dagegen. Denn die Natur der Dinge will es so. Das Menschengeschlecht bleibt alsdann der Diskretion des Gesetzgebers überlassen, welcher ihm die beste Regierungsform bestimmt. Die Willkür kann allerdings unter dieser Voraussetzung in den Einzelheiten eingeschränkt, sie kann aber aus dem Ganzen offenbar nicht herausgetrieben werden. Ob dieser höchste Gesetzgeber eine Einzelperson oder eine Gesamtheit ist, ob er erblich oder gewählt ist, ändert nichts in dieser Beziehung. Selbst wenn die ganze Gesellschaft sich zum Gesetzgeber machte, falls dieses möglich wäre, wäre die Sachlage immer noch dieselbe. Nur wird die Willkür alsdann von der ganzen Gesellschaft auf sich

selbst ausgeübt, und die Mißverhältnisse würden dadurch schlimmer als jemals werden.
Im Gegensatz dazu schließt die wissenschaftliche Politik unbedingt jede Willkür aus, weil sie das Absolute verschwinden läßt und damit das Unbestimmte ausmerzt, welche jene hervorrufen und erhalten. In dieser Politik wird das Menschengeschlecht betrachtet als einem Naturgesetz der Entwicklung unterworfen, welches durch die Beobachtung bestimmt werden kann und welches in jedem Augenblick auf die unzweideutigste Weise angibt, welche politische Betätigung ausgeübt werden soll. Die Willkür verschwindet somit notwendig. Die Verwaltung der Dinge tritt an die Stelle der Regierung der Menschen. Erst dann werden in der Politik wirkliche *Gesetze* zur Geltung kommen, in dem reellen und philosophischen Sinne, welche der berühmte *Montesquieu* mit diesem Ausdruck verbunden hat. Welches auch die Form der Regierung im einzelnen sein mag, die Willkür kann nicht wieder erscheinen, wenigstens in den Grundlagen nicht. Alles ist in der Politik nach einem wahrhaft souveränen Gesetz festgelegt, das als allen menschlichen Kräften überlegen anerkannt wird, weil es in letzter Analyse aus der Natur unseres Organismus herstammt, auf welche man keinerlei Einfluß ausüben kann. Mit einem Worte, dieses Gesetz schließt mit derselben Sicherheit die theologische Willkür oder das göttliche Recht der Könige aus, wie die metaphysische Willkür oder die Souveränität des Volkes.
Wenn einige in der unbedingten Herrschaft eines derartigen Gesetzes nichts sehen wollen als eine Verschiebung der alten Willkür auf einen neuen Herrscher, so braucht man sie nur aufzufordern, ebenso den unbeugsamen Despotismus zu beklagen, welcher durch das Gravitationsgesetz auf die ganze Natur ausgeübt wird, und ebenso über den nicht weniger wirklichen und noch analogeren (weil der Veränderlichkeit mehr unterworfenen) Despotismus, welcher durch die Gesetze der menschlichen Organisation ausgeübt wird, von denen die Gesetze der Kultur nur die Folge sind.

46. Die Phantasie in der positiven Politik

Das Vorangegangene führt naturgemäß dazu, mit Genauigkeit die Gebiete der Beobachtung und der Phantasie in der Politik gegeneinander abzugrenzen. Diese Abgrenzung soll die Skizze des allgemeinen Geistes der neuen Politik abschließen.

Man muß in der Tat zwei Ordnungen der Arbeit unterscheiden. Die einen, welche im eigentlichen Sinne die politische Wissenschaft ergeben, beziehen sich auf die bisherige Entwicklung des Systems, welche der gegenwärtigen Zeit entspricht. Die anderen beziehen sich auf dessen Fortführung.
In den ersten Arbeiten darf offenbar die Phantasie nur eine völlig untergeordnete Rolle spielen, da sie überall unter der Oberhoheit der Beobachtung steht, wie in allen anderen Wissenschaften. Was das Studium der Vergangenheit anlangt, so kann und muß die Phantasie benutzt werden, um die vorläufigen Zwischenglieder zwischen den Tatsachen zu finden, bis die engültigen Beziehungen sich unmittelbar aus diesen Tatsachen selbst ergeben, was man stets im Auge behalten muß. Dieser Gebrauch der Phantasie muß sogar auf die sekundären Tatsachen beschränkt bleiben, da er sonst ersichtlich fehlerhaft wäre.
In zweiter Linie muß sich die Bestimmung des Systems, nach welchem die Gesellschaft heute sich zu reorganisieren berufen ist, fast vollständig aus der Beobachtung der Vergangenheit ergeben. Diese Untersuchung wird nicht nur die Gesamtheit dieses Systems ergeben, sondern auch seine wichtigsten Teile, und zwar bis zu einem Grad der Einzelheiten, über den die Gelehrten wahrscheinlich erstaunt sein werden, wenn sie die Arbeit ausführen. Nichtsdestoweniger ist es sicher, daß die Bestimmtheit, die sich auf diese Weise erreichen läßt, nicht bis völlig zu dem Punkt geführt werden kann, wo das System den Technikern übergeben wird, die es für ihre praktischen Kombinationen in Tätigkeit setzen gemäß dem Plan, der im folgenden Kapitel dargelegt werden wird. Somit wird nach dieser zweiten Richtung die Phantasie noch innerhalb der wissenschaftlichen Politik eine sekundäre Funktion auszuüben haben, die darin besteht, daß sie die Skizze des neuen Systems bis in die nötigen Einzelheiten zu führen ermöglicht, dessen allgemeinen Plan und charakteristische Züge die Beobachtung ergeben wird.
Indessen gibt es eine andere Art von Arbeiten, die gleichfalls für den endgültigen Erfolg der großen Aufgabe der Reorganisation unentbehrlich sind, wenn sie den oben erwähnten auch nachstehen, innerhalb deren die Phantasie eine volle und reiche Betätigung finden wird.
Bei der Bestimmung des neuen Systems muß von den Vor- und Nachteilen desselben zunächst abgesehen werden. Die

Hauptfrage, ja die einzige Frage muß bleiben: welches ist nach der Beobachtung der Vergangenheit das soziale System, das sich heute zufolge des Entwicklungsganges der Kultur gestalten muß? Man würde alles verwirren und den Zweck verfehlen, wenn man sich in irgendwelcher maßgebenden Weise mit der *Güte* dieses Systems befassen wollte. Man wird sich darauf beschränken müssen, in allgemeiner Form zu begreifen, daß die positive Idee der *Güte* und die der *Angemessenheit an den Kulturzustand* im Grunde zusammenfallen und daß man daher sicher sein kann, das beste heute anwendbare System zu finden, wenn man dasjenige aufsucht, welches dem Kulturzustand am genauesten entspricht. Da die Idee der Güte in sich selbst nicht positiv ist und es nur in bezug auf die zweite der *Angemessenheit* wird, so muß diese ausschließlich das Ziel der Untersuchungen bilden, da sonst die Politik nicht positiv werden kann. Der Nachweis der Vorteile des neuen Systems, seiner Überlegenheit über das frühere in dieser Beziehung darf nur eine durchaus sekundäre Angelegenheit bleiben, die keinen direkten Einfluß auf die Arbeiten hat.

47. Bedeutung der Kunst

Zweifellos wird man, wenn man auf solche Weise vorgeht, eine wahrhaft positive Politik ausbilden und eine solche, welche wirklich in Harmonie sein wird mit den großen Bedürfnissen der Gesellschaft. Wenn aber auch das neue System in einem solchen Geiste bestimmt werden muß, so kann man es offenbar nicht in einer solchen Gestalt der Gesellschaft vorführen, um seine endgültige Annahme zu veranlassen, denn diese Form ist sehr weit davon entfernt, die Zustimmung zu gewinnen.

Um ein neues soziales System einzuführen, ist es nicht ausreichend, daß es angemessen ausgedacht ist. Es ist außerdem erforderlich, daß die Masse der Gesellschaft sich leidenschaftlich für seine Annahme erwärmt. Diese Bedingung ist nicht nur unumgänglich, um die mehr oder weniger starken Widerstände zu überwinden, welche das System bei den in Verfall befindlichen Klassen finden muß. Sie ist es in erster Linie, um dem moralischen Bedürfnis der Begeisterung zu entsprechen, welche den Menschen veranlaßt, einen neuen Weg einzuschlagen. Ohne diese Begeisterung wäre es nicht möglich, seine natürliche Trägheit zu überwinden und das so schwere Joch der alten Gewohnheiten abzuschütteln, was er doch tun muß, um für alle seine Eigenschaften eine freie und vollkommene Entwicklung in ihrer neuen Betätigung zu ermöglichen. Eine derartige Notwendigkeit zeigt sich überall in den weniger verwikkelten Fällen, und es wäre widerspruchsvoll, wenn sie bei den vollständigsten und wichtigsten Umwandlungen, welche auf das tiefste die menschliche Existenz abändern, fehlen sollte. Auch gibt die ganze Geschichte beständig Zeugnis zugunsten dieser Wahrheit.

Die vorausgesetzt, ergibt sich offenbar, daß die Art und Weise, wie das neue System aufgefaßt und von der wissenschaftlichen Politik dargestellt und vorgeführt wird und werden muß, durchaus nicht die Eigenschaft hat, diese unbedingt notwendige Voraussetzung zu erfüllen.

Man wird niemals die Masse der Menschen für irgendein System leidenschaftlich erregen, indem man ihnen beweist, daß es dasjenige ist, dessen Einführung der Gang der Kultur seit seinem Beginn vorbereitet hat und welches dieser Gang heute erfordert, um die Gesellschaft zu leiten. Eine derartige Wahrheit spricht zu einer viel zu kleinen Anzahl von Köpfen und erfordert selbst von deren Seite eine allzu lange Reihe intellektueller Operationen, als daß sie jemals die Leidenschaften erregen könnte. Sie wird nur bei den Gelehrten diese tiefe und zähe Überzeugung hervorrufen, welche das notwendige Ergebnis positiver Beweise ist und welche einen stärkeren Widerstand, aber aus dem gleichen Grunde eine geringere Aktivität ergibt als die lebendige und hinreißende Überredung, welche durch solche Gedanken bewirkt wird, die die Leidenschaften aufreizen.

Das einzige Mittel, um diese letzte Wirkung hervorzubringen, besteht darin, den Menschen das lebendige Bild der Verbesserungen vorzulegen, welche das neue System im menschlichen Zustande hervorrufen muß, betrachtet unter allen möglichen Gesichtspunkten und abgesehen von seiner Notwendigkeit und Zweckmäßigkeit. Allein diese Perspektive kann die Menschen bestimmen, in sich selbst die nötige moralische Revolution hervorzurufen, daß das neue System sich Boden fassen kann. Sie allein vermag den Egoismus zurückzudrängen, welcher durch die Auflösung des alten Systems in den Vordergrund geschoben wird und welcher, wenn die Ideen durch wissenschaftliche Arbeiten aufgeklärt worden sind, noch das einzige große Hindernis gegen den Sieg des neuen Systems bildet. Sie allein endlich kann die Gesellschaft aus der Apathie herausziehen und ihr insgesamt diese Lebendigkeit erteilen, die in einem sozialen Zustande dauernd werden muß, welcher alle Begabungen des Menschen in beständiger Tätigkeit halten wird.

Hierin besteht somit die Reihe der Arbeiten, in welchen die Phantasie eine vorwiegende Rolle zu spielen haben wird. Ihre Wirkung wird hier keinerlei Nachteil mit sich bringen, weil sie sich in derselben Richtung betätigt, welche durch die wissenschaftlichen Arbeiten festgelegt ist, und weil ihr Zweck nicht die Erfindung des einzuführenden Systems ist, sondern die Annahme desselben, nachdem es durch die positive Politik bestimmt worden war. Ist die Phantasie auf diese Weise in Gang gebracht, so muß sie weiterhin sich vollständig überlassen bleiben. Je mehr ihre Betätigung frei und offen sein wird, um so vollständiger und segensreicher wird die unentbehrliche Wirkung sein, welche sie auszuführen hat.

Dieses ist insbesondere die Aufgabe, welche den schönen Künsten bei der allgemeinen Unternehmung der sozialen Reorganisation zufällt. So werden bei dieser riesigen Unternehmung alle positiven Kräfte zusammenwirken. Die der Forscher, um den Plan des neuen Systems zu bestimmen, die der Künstler, um die allgemeine Annahme dieses Planes durchzusetzen, die der Industriellen, um das System durch die Einrichtungen der nötigen praktischen Institutionen zu unmittelbarer Wirksamkeit zu bringen. Diese drei großen Kräfte werden sich untereinander alsdann verbinden, um das neue System zu bilden, ebenso wie sie sich verbinden werden, nachdem es eingeführt ist, um es zur täglichen Anwendung zu bringen.

Derart überträgt in letzter Analyse die positive Politik auf die *Beobachtung* jene Vorherrschaft, welche durch die Konjekturalpolitik der Phantasie zugestanden war, und läßt aus ihr das soziale System bestimmen, welches der gegenwärtigen Epoche angemessen ist. Gleichzeitig übergibt sie der Phantasie eine neue Rolle, die nunmehr weit überlegen ist der, welche sie in der theologischen und metaphysischen Politik gespielt hat, wo sie, obwohl sie souverän war, doch seitdem das Menschengeschlecht sich dem positiven Zustand genähert hat, in einem Kreis von verbrauchten Ideen und monotonen Bildern verschmachten mußte.

VIII. Vorgänger

48. Vorgänger: Montesquieu

Nachdem dergestalt die allgemeine Skizze des Geistes der positiven Politik entworfen ist, wird es nützlich sein, einen zusammenfassenden Blick über die hauptsächlichen Versuche zu werfen, welche bis jetzt zu dem Zweck angestellt worden sind, die Politik zum Rang einer Beobachtungswissenschaft zu erheben. Es wird sich hieraus ein doppelter Vorteil ergeben: erstens die Reife einer derartigen Unternehmung aus den Tatsachen zu erweisen und andererseits den Geist der neuen Politik noch weiter aufzuklären, indem man ihn unter mehreren Gesichtspunkten vorführt, die von den bisher benutzten verschieden sind.

Auf *Montesquieu* ist die erste unmittelbare Bemühung zurückzuführen, die Politik als eine Wissenschaft der Tatsachen und nicht der Dogmen zu behandeln. Das ist offenkundig der eigentliche Zweck des »Esprit des Lois«, wie jeder weiß, der dieses Werk verstanden hat. Die wundervolle Einleitung, in welcher zum ersten Male die allgemeine Idee des Gesetzes auf wahrhaft philosophische Weise dargelegt ist, würde allein genügen, um diesen Zweck nachzuweisen. Es ist klar, daß *Montesquieu* sich wesentlich die Aufgabe gestellt hat, nach Möglichkeit alle politischen Tatsachen, die er kannte, unter eine Anzahl von Hauptgesichtspunkten zu bringen und die Gesetze ihres Zusammenhanges klarzulegen. Wenn es sich hier nur darum handelte, das Verdienst einer derartigen Arbeit hervorzuheben, so müßte man es gemäß der Zeit seiner Ausführung beurteilen. Man würde dann sehen, daß es auf das Bestimmteste die philosophische Überlegenheit *Montesquieus* über alle seine Zeitgenossen erweist. Sich von dem kritischen Geist befreit zu haben zu einer Zeit, in welcher dieser bis über die stärksten Köpfe eine despotische Herrschaft ausübte, tief die Leerheit der metaphysischen und absoluten Politik begriffen zu haben, das Bedürfnis gefühlt zu haben, aus ihr herauszukommen in demselben Augenblick, in welchem sie in den Händen *Rousseaus* ihre endgültige Form annahm: das sind entscheidende Beweise dieser Überlegenheit.

Aber trotz der Fähigkeit erster Ordnung, welche *Montesquieu* dergestalt erwiesen hat und welche mehr und mehr begriffen werden wird, ist es einleuchtend, daß seine Arbeiten noch weit davon entfernt sind, die Politik auf die Stufe der positiven Wissenschaften erhoben zu haben. Sie haben durchaus nicht den unentbehrlichen Grundbedingungen genügt, ohne welche dieser Zweck nicht erreicht werden kann und welche oben dargelegt worden sind.

Montesquieu hat nämlich nicht die große allgemeine Tatsache bemerkt, welche alle politischen Erscheinungen beherrscht und in Wahrheit regelt, nämlich die natürliche *Entwicklung der Kultur*. Daraus folgt, daß seine Untersuchungen zur Bildung einer positiven Politik nur als Materialien benutzt werden können, als eine Sammlung von Beobachtungen und Bemerkungen. Denn die allgemeinen Gedanken, mit denen er die Tatsachen zusammenzuhalten versucht hat, sind in keiner Weise positiv.

Trotz der offenkundigen Anstrengungen, welche *Montesquieu* gemacht hat, sich von der Metaphysik zu befreien, ist ihm dies nicht gelungen, da er zweifellos seine Grundanschauung aus ihr gezogen hatte. Diese Grundanschauung hat den doppelten Fehler, daß sie erstens *dogmatisch* ist statt *historisch*, d. h. daß sie keine Rücksicht auf die notwendige Aufeinanderfolge der verschiedenen politischen Zustände genommen hat und daß sie in zweiter Linie eine übertriebene Bedeutung einer sekundären Tatsache zuschreibt, nämlich der *Form der Regierung*. So ist die vorwiegende Rolle, welche *Montesquieu* dieser Idee zugeteilt hat, durchaus eingebildet und steht in Widerspruch mit der Gesamtheit der bekanntesten Beobachtungen. Mit einem Wort, die politischen Tatsachen sind von *Montesquieu* nicht im wahren Sinne miteinander *verbunden* worden, wie das in jeder positiven Wissenschaft notwendig wäre, sie sind einander nur *genähert* worden, und zwar durch hypothetische Gesichtspunkte, die in den meisten Fällen den wirklichen Beziehungen widersprechen.

49. Die Lehre vom Milieu

Der einzige wichtige Teil der theoretischen Arbeiten von *Montesquieu*, der allein eine wirkliche positive Richtung hat, ist derjenige, in welchem er beabsichtigt, den politischen Einfluß der örtlichen physischen Bedingungen darzulegen, welche in stetiger Weise wirken und deren Gesamtheit unter dem Namen des Klimas zusammengefaßt werden kann. Es ist aber leicht zu sehen, daß selbst in dieser Beziehung die von *Montesquieu* hervorgebrachten Gedanken nicht benutzt werden können, bevor man sie vollständig umgearbeitet hat, und zwar zufolge des allgemeinen Irrtums, welcher seine Art vorzugehen kennzeichnet.

Es ist in der Tat heute allgemein seitens aller Beobachter anerkannt, daß *Montesquieu* in mehreren Beziehungen den Einfluß des Klimas weit übertrieben hat. Dies war unvermeidlich. Zweifellos übt das Klima einen sehr wirklichen und sehr wichtigen Einfluß auf die politischen Erscheinungen aus. Aber diese Einwirkung ist nur indirekt und sekundär. Sie beschränkt sich darauf, bis zu einem bestimmten Grade den natürlichen Gang der Kulturentwicklung zu beschleunigen oder zu verzögern, ohne daß er durch diese Mannigfaltigkeiten in irgendeiner Weise abgelenkt würde. Der Entwicklungsgang bleibt tatsächlich im Grunde in allen Klimaten derselbe bis auf die Geschwindigkeit, weil er auf den allgemeinsten Gesetzen, denen des menschlichen Organismus, beruht, welche durchaus dieselben an den verschiedenen Orten sind. Da somit der Einfluß des Klimas auf die politischen Vorgänge nur eine modifizierende Beschaffenheit in bezug auf den natürlichen Entwicklungsgang der Kultur hat, welcher seinen Charakter als oberstes Gesetz beibehält, so ist es klar, daß dieser Einfluß nur mit Erfolg studiert und sachgemäß eingeschätzt werden kann, nachdem dieses Gesetz selbst erkannt worden ist. Wollte man die indirekte und untergeordnete Ursache untersuchen, bevor die direkte und wesentliche festgestellt worden ist, so würde ein derartiger Widerspruch gegen die Natur des menschlichen Geistes das unvermeidliche Resultat haben, eine völlig falsche Idee von dem Einfluß der direkten Ursache zu geben, da sie mit dem der direkten verwechselt werden würde. Dies ist aber *Montesquieu* passiert.

Die vorangehende Betrachtung über den Einfluß des Klimas ist offenbar auch auf alle anderen Ursachen beliebiger Art anwendbar, welche den Gang der Kultur in bezug auf seine Geschwindigkeit beeinflussen können, ohne ihn wesentlich abzuändern. Dieser Einfluß kann erst dann mit Genauigkeit bestimmt werden, nachdem die Naturgesetze der *Kultur* unabhängig von all diesen Modifikationen festgestellt worden sind. Die Astronomen haben damit begonnen, die Gesetze der Bewegung der Planeten zu studieren, ohne auf die Störungen Rücksicht zu nehmen. Nachdem diese Gesetze entdeckt worden waren, konnten die Abänderungen bestimmt und sogar auf dasselbe Prinzip zurückgeführt werden, welches zunächst nur bezüglich der Hauptbewegungen festgestellt worden war. Hätte man von Anfang an auf diese Abweichungen Rücksicht nehmen wollen, so wäre offenbar niemals eine exakte Theorie zustande gebracht worden. In dem vorliegenden Falle verhält es sich durchaus ebenso.

Die Unzulänglichkeit der Politik *Montesquieus* ergibt sich klar aus ihren Anwendungen auf die Bedürfnisse der Gesellschaft. Die Notwendigkeit einer sozialen Reorganisation in den kultiviertesten Ländern bestand zur Zeit *Montesquieus* ebenso wirklich wie sie gegenwärtig besteht. Denn das feudal-theologische System war bereits damals in seinen Hauptgrundlagen zerstört. Die Ereignisse, welche sich seitdem entwickelt haben, bewirkten nur, diese Notwendigkeit offenkundiger und dringender zu machen, indem sie die Zerstörung des alten Systems vollendeten. Trotzdem hat *Montesquieu* nicht als praktischen Zweck seiner Arbeiten erkannt, daß er ein neues soziales System schaffen mußte. Da er die Tatsachen nicht gemäß einer Theorie verbunden hatte, welche fähig war, das Bedürfnis nach einem neuen System in dem Zustande, welchen die Gesellschaft erreicht hatte, ins Licht zu setzen und gleichzeitig den allgemeinen Charakter dieses Systems zu bestimmen, so hat er sich darauf beschränken müssen (und hat sich auch darauf beschränkt), bezüglich der Praxis auf Verbesserungen im einzelnen hinzuweisen, die der Erfahrung entsprachen und welche in einigen mehr oder weniger wichtigen Abänderungen des theologisch-feudalen Systems bestanden.

Zweifellos hat *Montesquieu* hierdurch eine weise Zurückhaltung bewiesen, indem er seine praktischen Ideen auf die Grenzen beschränkte, welche die Tatsachen gemäß der unvollkommenen Technik, nach der er sie studiert hatte, ihm auferlegten, während es ihm doch im Gegenteil leicht gewesen wäre, Utopien zu erfinden. Aber er hat zu gleicher Zeit entscheidend die Unzulänglichkeit einer Theorie erwiesen, welche nicht fähig war, den wesentlichsten Bedürfnissen der Praxis zu genügen.

Somit hat zusammengefaßt *Montesquieu* die Notwendigkeit empfunden, die Politik nach Art der Beobachtungswissenschaften zu bearbeiten. Er hat aber den allgemeinen Typus der Arbeit nicht begriffen, durch welche dieser Charakter entwickelt werden könnte. Seine Untersuchungen sind trotzdem von allergrößter Wichtigkeit. Sie haben dem menschlichen Geiste den Zugang zu den Mitteln erleichtert, die politischen Ideen zu vereinheitlichen, indem eine große Masse von Tatsachen durch eine Theorie verbunden wurde, welche, obwohl noch weit vom positiven Zustande entfernt, ihm doch näher war als alle anderen, die vorher hervorgebracht worden sind.

50. Condorcet

Die allgemeine Idee der Arbeit, welche die Politik zum Rang einer Beobachtungswissenschaft erheben kann, ist von *Condorcet* gefunden worden. Er hat klar als der erste gesehen, daß die Kultur einem progressiven Gange unterworfen ist, dessen Schritte alle einzeln aufeinander folgen gemäß natürlichen Gesetzen, welche die philosophische Beobachtung der Vergangenheit entschleiern kann und welche für jede Epoche auf eine völlig positive Weise die Verbesserungen des sozialen Zustandes in seinen Teilen wie in seiner Gesamtheit bestimmen. Nicht nur hat *Condorcet* dadurch das Mittel entdeckt, um der Politik eine wahrhaft positive Theorie zu geben, er hat auch sogar versucht, diese Theorie aufzustellen in dem Werke »Esquisse d'un tableau historiques des progrès de l'esprit humain«, dessen Titel und Einleitung allein genügen würden, um seinem Autor die ewige Ehre zu sichern, eine große philosophische Idee geschaffen zu haben.

Wenn diese grundlegende Entdeckung bisher vollkommen unfruchtbar geblieben ist, wenn sie bisher noch fast gar kein Aufsehen hervorgerufen hat, wenn niemand noch den Weg verfolgt hat, den *Condorcet* gewiesen hatte, wenn mit einem Wort die Politik noch nicht positiv geworden ist, so muß man dies zum größten Teil dem Umstande zuschreiben, daß die von *Condorcet* entworfene Skizze in einem Sinne ausgeführt worden ist, welche dem Zweck dieser Arbeit unbedingt entgegensteht. Er hat darin vollständig die wesentlichsten Bedingungen mißkannt, so daß das Werk von Grund aus umgestaltet werden muß. Es ist wichtig, dies festzustellen.

51. Bedeutung der Systematik

In erster Linie bedeutet die *Einteilung der Epochen* in einer Arbeit dieser Art die erste und wichtigste Seite des Planes oder besser gesagt, sie bedeutet den Plan selbst in seiner größten Allgemeinheit, denn sie bestimmt die grundlegende Art der Ordnung der beobachtenden Tatsachen. Nun ist aber die von *Condorcet* gewählte Einteilung unbedingt fehlerhaft, da sie nicht einmal der allerersten Bedingung entspricht, eine homogene Reihe darzustellen. Man sieht, daß *Condorcet* durchaus nicht die Wichtigkeit einer philosophischen Anordnung der Epochen der Kultur eingesehen hat. Er hat nicht begriffen, daß diese Anordnung selbst den Gegenstand einer ersten allgemeinen Arbeit bilden muß, welche die schwierigste von allen ist, zu denen die Gestaltung einer positiven Politik Anlaß gibt. Er hat geglaubt, die Tatsachen genügend dadurch ordnen zu können, daß er fast zufällig zum Ausgangspunkt jeder Epoche ein bemerkenswertes Ereignis, bald ein technisches, bald ein wissenschaftliches, bald ein politisches gewählt hat. Indem er derart vorging, kam er nicht über den Horizont der literarischen Historiker hinaus. Es war ihm so unmöglich, eine wahrhafte Theorie zu entwickeln, d. h. zwischen den Tatsachen einen wirklichen Zusammenhang aufzudecken, da diejenigen Tatsachen, welche alle anderen verbinden sollten, bereits voneinander isoliert waren.

Die Naturforscher, welche von allen Gelehrten die ausgedehntesten und schwierigsten Klassifikationen durchzuführen gehabt haben, haben auch den größten Fortschritt in der allgemeinen Methode der Klassifikation bewirkt. Das Grundprinzip dieser Methode ist festgelegt worden, seitdem in der Botanik und der Zoologie philosophische Klassifikationen bestehen, d. h. solche, welche auf wirklichen Beziehungen beruhen und nicht auf künstlichen Vergleichen. Es besteht darin, daß die Ordnung der verschiedenen Einteilungsstufen bezüglich ihrer Allgemeinheit nach Möglichkeit genau den Beziehungen zwischen den zu klassifizierenden Phänomenen entspricht. Dergestalt ist die Hierarchie der Familien, Arten usw. nichts anderes als der Ausdruck einer geordneten Gruppe allgemeiner Tatsachen, die man in verschiedene Stufenreihen geteilt hat, welche zunehmend in das Spezielle gehen. Mit einem Wort, nur dann ist die Klassifikation der philosophische Ausdruck der Wissenschaften selbst, deren Fortschritt sie begleitet. Die Klassifikation kennen, heißt dann die Wissenschaft kennen, wenigstens in ihrem wichtigsten Teil.

Dieses Prinzip läßt sich auf beliebige Wissenschaften anwenden. So muß auch die politische Wissenschaft, wenn sie sich zu der Zeit konstituiert, wo sie entdeckt, angewendet und sorgfältig verifiziert sein wird, sich die philosophische Idee zunutze machen, die von den anderen Wissenschaften gefunden worden ist, indem sie sie als Leitfaden für die Anordnung der verschiedenen Kulturzeitalter benutzt. Die Beziehungen, welche in der allgemeinen Geschichte des Menschengeschlechtes anzuwenden sind, um die verschiedenen Kulturepochen nach ihren natürlichen Verhältnissen zu ordnen, sind völlig ähnlich denen der Naturforscher, welche nach denselben Gesetzen die tierischen und pflanzlichen Organismen ordnen. Nur haben sie eine noch viel größere Bedeutung.

Denn wenn eine gute Ordnung der Tatsachen in jeder Wissenschaft sehr wichtig ist, so ist sie ganz unbedingt wichtig in der politischen Wissenschaft, welche ohne diese Voraussetzung völlig ihren praktischen Zweck verfehlen würde. Dieser Zweck ist, wie bekannt, aus der Beobachtung der Vergangenheit das soziale System zu bestimmen, welches der Gang der Kultur gegenwärtig hervorzurufen bestrebt ist. Nun kann eine solche Bestimmung nur als Ergebnis einer guten Ordnung der vorangegangenen Zustände gefunden werden, aus welcher das Gesetz dieses Ganges hervorgeht. Es ist klar, daß hiernach die politischen Tatsachen, so wichtig sie im einzelnen sein mögen, nur durch ihre *Anordnung* einen wirklichen praktischen Wert gewinnen, während in den anderen Wissenschaften die Kenntnis der Tatsachen in sehr vielen Fällen an sich selbst von großem Werte ist, auch unabhängig von der Art ihres Zusammenhanges.

So dürfen die verschiedenen Epochen der Kultur nicht ohne Ordnung gemäß mehr oder weniger wichtigen Einzelereignissen verteilt werden, wie das *Condorcet* gemacht hat, sondern ihre Anordnung muß nach dem philosophischen Prinzip erfolgen, welches als Grundlage jeder Klassifikation von allen Forschern anerkannt worden ist. Die grundlegende Einteilung der Epochen muß den allgemeinsten Überblick der Geschichte der Kultur ergeben. Die sekundären Einteilungen müssen bis zu dem Grade, wie sie sich als vorteilhaft erweisen, stufenweise immer genauerer und genauer die Zusammenhänge derselben Geschichte ergeben. Mit einem Wort, die Tafel der Epochen muß in solcher Weise entworfen werden, daß sie in sich selbst der abgekürzte Ausdruck der Gesamtarbeit wird. Ohne dies

würde man nur eine ganz provisorische Arbeit machen,welche nur den Wert von Materialien hätte, so vollkommen man sie im übrigen auch ausführen mag.
Es braucht nicht erst hervorgehoben zu werden, daß eine derartige Einteilung nicht bloß ausgedacht werden kann und daß sie selbst in ihrer allgemeinsten Beschaffenheit nur auf einem ersten Versuch der Gesamtordnung, einem ersten Gesamtüberblick über die allgemeine Kulturgeschichte beruhen kann. Wie wichtig, ja unumgänglich diese Art des Vorgehens für die Gestaltung der positiven Politik auch ist, sie würde unausführbar sein und man müßte sich darauf beschränken, zunächst nur eine ganz und gar provisorische Arbeit zu machen, wenn diese Arbeit nicht bereits genügend vorbereitet wäre. Aber die Weltgeschichten, welche bisher geschrieben worden sind, und insbesondere diejenigen, welche seit einem halben Jahrhundert veröffentlicht wurden, gewähren beinahe schon jetzt ein Äquivalent für diese vorläufige Materialsammlung, so entfernt sie in ihrer Auffassung von dem richtigen Sinne sind. Man darf sich deshalb schon jetzt unmittelbar mit der endgültigen Anordnung beschäftigen.
Ich habe in dem vorangegangenen Kapitel allerdings nur in Beziehung auf die geistige Seite einen allgemeinen Überblick gegeben, welcher mir die Bedingungen zu erfüllen scheint, die oben für die grundlegende Anordnung der Vergangenheit ausgesprochen worden sind. Er ist das Ergebnis einer ersten philosophischen Untersuchung der Gesamtheit der Kulturgeschichte.

52. Die Lehre von den drei Zuständen

Ich glaube, daß diese Geschichte in *drei große Epochen oder Kulturzustände* geteilt werden kann, deren Charakter durchaus verschieden ist, sowohl im Geistlichen wie im Weltlichen. Sie umfassen die Kultur gleichzeitig in ihren Elementen und ihrer Gesamtheit, was offenbar nach den oben dargelegten Gesichtspunkten eine unumgängliche Voraussetzung sein muß.
Die erste Epoche ist die *theologische und militärische*.
In diesem Zustand der Gesellschaft sind alle theoretischen Gedanken, sowohl die allgemeinen wie die besonderen, von rein *natürlicher* Beschaffenheit. Die Phantasie herrscht überall und vollständig gegenüber der Beobachtung, welcher jedes Recht der Prüfung untersagt ist.

Gleichzeitig sind alle sozialen Beziehungen, die besonderen wie die allgemeinen, durchgängig und vollständig *militärischer* Natur. Der einzige und dauernde Zweck der Tätigkeit der Gesellschaft ist die *Eroberung*. Es gibt keine Industrie außer der, welche für die Existenz der Menschheit unbedingt notwendig ist. Die einfache und unbedingte Sklaverei der Produzierenden ist die hauptsächlichste Institution.

So ist das erste große soziale System beschaffen, wie es sich aus dem natürlichen Entwicklungsgang der Kultur ergibt. Es hat in seinen Elementen bestanden, seitdem die ersten regelmäßigen und dauernden gesellschaftlichen Gruppen sich gebildet haben. In seiner Vollständigkeit hat es sich erst nach einer Reihe von Generationen ausgebildet.

Die zweite Epoche ist die *metaphysische* und *juristische*. Ihr Charakter besteht darin, daß sie keinen scharf ausgesprochenen Charakter besitzt. Sie ist intermediär und zwitterhaft und bewirkt einen Übergang.

In geistiger Beziehung ist sie bereits in dem früheren Kapitel beschrieben worden. Die Erfahrung wird immer noch durch die Phantasie beherrscht, aber man läßt sie zu, um diese innerhalb gewisser Grenzen zu beeinflussen. Diese Grenzen werden stufenweise zurückgeschoben, bis die Erfahrung zuletzt das Prüfungsrecht in allen Punkten erobert. Diese Eroberung erstreckt sich zunächst auf die besonderen theoretischen Ideen und endet dann durch stufenweise Anwendung derselben mit dem Gewinn der allgemeinen theoretischen Idee, welches der natürliche Punkt des Übergangs ist. Es ist die Zeit der *Kritik* und der Diskussion.

In weltlicher Beziehung hat die Industrie eine weitere Ausdehnung erfahren, ohne daß sie jedoch vorherrscht. Infolgedessen ist die Gesellschaft nicht mehr rein militärisch, aber sie ist noch nicht rein technisch, weder in ihren Elementen noch in ihrer Gesamtheit. Die besonderen sozialen Beziehungen haben sich geändert. Die unmittelbare persönliche Sklaverei hat aufgehört. Der Produzierende ist zwar noch Sklave, beginnt aber einige Rechte gegenüber dem Militär zu gewinnen. Die Technik macht neue Fortschritte, welche zuletzt zu vollständiger Abschaffung der individuellen Sklaverei führen. Nach dieser Befreiung bleiben die Produzierenden noch der kollektiven Willkür unterworfen. Indessen beginnen bald auch die allgemeinen sozialen Beziehungen sich zu ändern. Die beiden Zwecke der

Tätigkeit, die Eroberung und die Produktion werden in den Vordergrund gestellt. Die Industrie wird zunächst als Hilfsmittel des Militarismus gepflegt und beschützt. Später nimmt ihre Bedeutung zu, und der Krieg wird seinerseits systematisch als ein Mittel aufgefaßt, die Industrie zu unterstützen. Dies ist der letzte Zustand dieser intermediären Stufe.

Die dritte Epoche endlich ist die *wissenschaftliche* und *technische.* Alle besonderen theoretischen Ideen sind positiv geworden, und die allgemeinen Ideen sind auf dem Wege, es zu werden. Die Erfahrung herrscht über die Phantasie bezüglich der allgemeinen Ideen und hat sie bezüglich der besonderen bereits völlig überwunden.

Im Weltlichen ist die Industrie maßgebend geworden. Alle privaten Beziehungen sind auf industrieller Grundlage entwickelt. Die Gesellschaft in ihrer Gesamtheit hat gleichfalls die Tendenz, sich auf dieselbe Weise zu organisieren und sieht als einziges und dauerndes Ziel ihrer Tätigkeit die *Produktion* an.

Mit einem Wort, diese letzte Epoche ist bereits eingetreten, was die Elemente anlangt, und sie ist nahe daran, auch bezüglich der Gesamtheit zu beginnen. Ihr direkter Ausgangspunkt datiert von der Einführung der positiven Wissenschaften in Europa durch die Araber und von der Befreiung der Gemeinden, d. h. etwa vom 11. Jahrhundert ab.

Um jeder Dunkelheit in der Anwendung dieser allgemeinen Darstellung vorzubeugen, muß man niemals aus dem Auge verlieren, daß die Kultur sich zunächst bezüglich der geistigen und weltlichen *Elemente* des sozialen Körpers vorwärts bewegt hat, bevor die Bewegung der Gesamtheit eintrat. Infolgedessen haben die drei aufeinanderfolgenden großen Epochen notwendigerweise früher bezüglich der Elemente als bezüglich der Gesamtheit begonnen, und es könnte einige Verwirrung entstehen, wenn man sich nicht vor allen Dingen von dieser notwendigen Differenz Rechenschaft gibt.

Dies sind die allgemeinen Charaktere der drei Epochen, in welche man die ganze Kulturgeschichte teilen kann, von der Zeit, wo der soziale Zustand einen wirklichen Zusammenhang anzunehmen begonnen hat, bis zur Gegenwart. Ich wage, den Forschern diese erste Einteilung der Vergangenheit vorzuschlagen, weil sie mir die großen Bedingungen einer guten Klassifikation der Gesamtheit der politischen Tatsachen darzubieten scheint.

Wird sie angenommen, so ist es erforderlich, mindestens eine Unterteilung zu finden, damit man in zweckmäßiger Weise eine erste Skizze des großen Gemäldes der Geschichte beginnen kann. Die grundlegende Einteilung wird die Entdeckung der weiteren Stufen erleichtern, indem sie das Mittel darbietet, die Tatsachen gleichzeitig auf eine allgemeinere und positive Weise zu untersuchen. Es ist außerdem klar, daß diese verschiedenen Unterteilungen durchaus in demselben Sinne wie das Grundprinzip der Klassifikation aufgestellt werden müssen und nur eine einfache Entwicklung derselben bedeuten dürfen.
Nachdem die Arbeit von *Condorcet* bezüglich der Anordnung der Epochen untersucht worden ist, muß sie unter dem Gesichtspunkt des Geistes studiert werden, in welchem sie im einzelnen ausgeführt worden ist.

53. Kritik der Kritik

Condorcet hat nicht gesehen, daß der erste Erfolg der Arbeit zur Gestaltung der positiven Philosophie unbedingt dahin führen muß, unwiderruflich die kritische Philosophie des 18. Jahrhunderts zum Verschwinden zu bringen und alle Kräfte der Denker auf die Reorganisation der Gesellschaft, d. h. auf den praktischen Zweck einer solchen Arbeit zu richten. Er hat deshalb auch nicht gesehen, daß die unumgänglichste erste Bedingung für jeden, der diese wichtige Unternehmung durchführen möchte, darin besteht, sich tunlichst von den kritischen Vorurteilen zu befreien, welche in alle Kämpfe durch diese Philosophie hineingebracht sind. Statt dessen hat er sich blind von diesen Vorurteilen beherrschen lassen. Er hat die Vergangenheit *getadelt*, statt sie zu *untersuchen*, und infolgedessen ist sein Werk nichts geworden als eine lange und ermüdende Deklamation, aus welcher man keinerlei positive Belehrung ziehen kann.
Bewunderung und Tadel der Phänomene müssen mit gleicher Strenge aus jeder positiven Wissenschaft verdammt sein, weil jedes derartige Vorurteil den unmittelbaren und unvermeidlichen Effekt hat, die Prüfung zu verhindern oder ihr Ergebnis zu verfälschen. Die Astronomen, die Physiker, die Chemiker und die Physiologen stehen ihren Tatsachen weder anerkennend noch tadelnd gegenüber, sie beobachten sie, wie reiche Gelegenheit diese Tatsachen auch für Betrachtungen jener Art darbieten möchten, wie viele Beispiele zeigen. Die Forscher

überlassen mit Recht derartige Effekte den Künstlern, in deren Gebiet sie ja auch tatsächlich fallen.
In dieser Beziehung muß es also in der Politik ebenso hergehen, wie in den anderen Wissenschaften. Nur ist in ihr diese Zurückhaltung noch sehr viel notwendiger, gerade weil sie hier schwieriger ist und weil sie die Beurteilung in viel stärkerem Maße verfälscht, da in dieser Wissenschaft die Leidenschaften viel stärker durch die Tatsachen erregt werden als wie in jeder anderen. Somit ist die einzige Idee, von welcher *Condorcet* sich hat leiten lassen, der kritische Geist, genau das Gegenteil dessen, der in der wissenschaftlichen Politik die Herrschaft haben muß, selbst wenn alle die Vorwürfe, welche man der Vergangenheit macht, vollkommen begründet wären. Es ist aber hierüber noch mehr zu sagen.
Zweifellos sind, wie schon an diesem Kapitel bemerkt worden war, die praktischen Kombinationen der Staatsmänner nicht immer glücklich erdacht gewesen. Sie waren sogar oft gegen die Kulturentwicklung gerichtet. Präzisiert man diese Bemerkung, so sieht man, daß sie in allen Fällen darauf zu beschränken ist, daß die Staatsmänner versucht haben, über ihr natürliches Ende hinaus Doktrinen und Institutionen zu erhalten, welche nicht mehr mit dem vorhandenen Kulturzustande in Übereinstimmung waren. Ein derartiger Irrtum ist aber sehr entschuldbar, wenn man überlegt, daß es bisher kein positives Mittel gegeben hat, ihn zu erkennen. Aber auf ganze Systeme von Institutionen und Ideen übertragen, was nur auf sekundäre Tatsachen sich bezieht; beispielsweise das theologisch-feudale System so darstellen, als wäre es von jeher nur ein Hindernis für die Kultur gewesen, während es doch im Gegenteil der größte provisorische Fortschritt der Gesellschaft war, die unter seinem Einfluß einen so erheblichen Aufstieg erfahren hat; die Klassen,welche sich an der Spitze der allgemeinen Bewegung während einer langen Reihe von Jahrhunderten befanden, so darstellen, als wenn sie sich in einer ununterbrochenen Verschwörung gegen das Menschengeschlecht befunden hätten: eine derartige Vorstellung, die ebenso absurd in ihren Prinzipien wie empörend in ihren Folgerungen ist, war das törichte Ergebnis der Philosophie des 18. Jahrhunderts. Und es ist sehr zu bedauern, daß ein Mann wie *Condorcet* sich ihrer Herrschaft nicht zu entziehen gewußt hat.
Diese Absurdität ist aus der Unfähigkeit entstanden, den na-

türlichen Entwicklungsgang der Kultur in allen seinen großen Zusammenhängen zu verstehen und macht offenbar jede Erklärung derselben unmöglich. So enthält die Arbeit von *Condorcet* einen allgemeinen und ununterbrochenen Widerspruch.
Einerseits wird auf das bestimmteste behauptet, daß der Kulturzustand im 18. Jahrhundert nach zahllosen Richtungen unbegrenzt dem Urzustande überlegen sei. Aber dieser gesamte Fortschritt kann natürlich nichts sein als die Summe der Teilfortschritte, welche die Kultur in allen dazwischenliegenden vorausgegangenen Zuständen durchmessen hat. Indem nun *Condorcet* nacheinander diese verschiedenen Zustände untersucht, stellt er sie fast immer dar, als wenn sie unter den wesentlichsten Gesichtspunkten sich als rückschrittliche Zeiten erwiesen hätten. Es besteht somit ein perpetuierliches Wunder, und der fortschreitende Gang der Kultur stellt sich als eine Wirkung ohne Ursache dar.

54. Wissenschaftliche Objektivität

Die wahre positive Politik muß von einem unbedingt entgegengesetzten Geiste beherrscht sein.
Die Institutionen und Lehren müssen betrachtet werden, als wären sie zu jeder Zeit so vollkommen gewesen, als es der jeweilige Zustand der Kultur bedingt hatte. Dieses kann ja nicht anders sein, wenigstens nach dem Ablauf einer gewissen Zeit, da sie notwendig durch den Kulturzustand bestimmt sind. Weiter haben sie *alle* in der Zeit ihrer kräftigsten Betätigung einen *progressiven* Charakter gehabt und haben in keinem einzigen Fall einen rückschrittlichen aufgewiesen, denn sie hätten sich sonst nicht gegen den Gang der Kultur aufrecht erhalten können, aus dem sie alle ihre Kräfte entnahmen. Nur in den Epochen des Verfalles haben sie gewöhnlich einen stationären Charakter, was sich von selbst erklärt, teilweise aus dem Widerwillen gegen die Zerstörung, die sowohl den politischen Systemen wie den einzelnen Individuen natürlich ist, und zum anderen Teil aus dem Kindheitszustande, in welchem sich die Politik bis jetzt befindet.
In derselben Weise müssen die Leidenschaften betrachtet werden, welche zu den verschiedenen Zeiten von den führenden Klassen entwickelt worden sind. Zur Zeit ihres Glanzes sind die herrschenden sozialen Elemente notwendig edelmütig,

denn sie haben nichts mehr zu erwerben und fürchten noch nicht, etwas zu verlieren. Ausschließlich zu Zeiten ihres Verfalles werden sie so egoistisch, weil alle ihre Anstrengungen auf den Punkt gerichtet sind, eine Macht zu bewahren, deren Grundlagen zerstört sind.

Diese verschiedenen Bemerkungen sind offenkundig den Gesetzen der menschlichen Natur gemäß und gestatten allein, auf befriedigende Weise die politischen Tatsachen zu erklären. So muß man in letzter Analyse nicht in der Vergangenheit ein Gewebe von Ungeheuerlichkeiten sehen, sondern in ganz allgemeiner Weise die Gesellschaft als etwas betrachten, was in den meisten Fällen nach allen Richtungen so gut gelenkt worden ist, als die Natur der Sachen es erlaubt hat.

Wenn einige Einzeltatsachen zunächst diesen allgemeinen Verhältnissen zu widersprechen scheinen, so ist es stets philosophischer, wenn man sich bemüht, diese Beziehung doch ausfindig zu machen, als sie aufzugeben und auf den ersten Blick die Wirklichkeit eines solchen Widerspruches zu behaupten. Denn das würde heißen, sich von jeder wohlverstandenen wissenschaftlichen Einordnung zu entfernen, wenn man die wichtigste und am häufigsten beobachtete Tatsache einer sekundären und seltenen unterordnen wollte.

Es ist im übrigen evident, daß man sich hier wie in jedem anderen Fall nach Möglichkeit vor jeder Übertreibung in dem Gebrauch dieses allgemeinen Gedankens hüten muß.

55. Wissenschaftlicher Optimismus

Man wird zweifellos unter diesem Gesichtspunkte einige Ähnlichkeiten zwischen dem Geist der positiven Politik und dem berühmten theologischen und metaphysischen Dogma vom Optimismus finden. Die Analogie ist tatsächlich begründet. Es besteht aber hier der ungeheure Unterschied zwischen einer allgemeinen beobachteten Tatsache und einer rein hypothetischen Idee, einer bloßen Fiktion. Der Unterschied ist in den Konsequenzen noch viel deutlicher.

Das theologische und metaphysische Dogma, welches absolut behauptet, daß alles so gut ist, als es irgend sein kann, hat die Tendenz, das Menschengeschlecht *stationär* zu machen, indem es ihm jede Aussicht auf eine jede wirkliche Verbesserung nimmt. Die positive Idee, daß die soziale Organisation während einer längeren Zeit stets so vollkommen ist, als es jeweils der

Kulturzustand mit sich bringt, ist weit davon entfernt, den Wunsch nach Verbesserungen aufzuheben. Sie gibt ihm im Gegenteil eine praktische Tendenz, die viel wirksamer ist, indem sie ihn auf das wirkliche Ziel, die *Vervollkommnung der Kultur*, richtet. Denn die Anstrengungen würden ohne Wirkung bleiben, wenn man sie unmittelbar auf die Veränderung der sozialen Organisation richten wollte. Da im übrigen in einer solchen Idee nichts Mystisches oder Absolutes enthalten ist, so fordert sie den Menschen auf, die Harmonie zwischen der politischen Regierung und dem Kulturzustande wieder herzustellen, wenn, wie vorauszusehen ist, diese notwendige Beziehung einmal momentan gestört ist. Nur sie stellt diesen Vorgang ins klare, indem sie darauf hinweist, daß man in einem solchen Falle nicht die Wirkung mit der Ursache verwechseln darf.

Es ist gut, bezüglich dieser Analogie zu bemerken, daß es nicht das einzige Mal ist, wo die positive Philosophie durch eine angemessene Umwandlung sich eine allgemeine Idee aneignet, die ursprünglich von der theologischen und metaphysischen Philosophie erfunden worden war. Die wirklichen allgemeinen Gedanken verlieren niemals ihren Wert als Denkmittel, wie falsch ihre Umgebung auch sein mag. Der gewöhnliche Gang des menschlichen Geistes besteht darin, daß er sie sich in seinen verschiedenen Zuständen aneignet, indem er ihren Charakter umwandelt. Dieses kann man in allen Revolutionen bestätigt finden, welche die verschiedenen Zweige unseres Wissens beim Übergang in den positiven Zustand erfahren haben.

So ist beispielsweise die mystische Lehre vom Einfluß der Zahlen, die von der Pythagoreischen Schule ausgebildet worden ist, von den Geometern auf den einfachen und positiven Gedanken zurückgeführt worden, daß die weniger verwickelten Phänomene auf mathematische Gesetze zurückgeführt werden können. Ebenso ist die Lehre von den Zweckursachen von den Physiologen in das Prinzip der Existenzbedingungen umgewandelt worden. Die beiden positiven Ideen sind zweifellos außerordentlich von den entsprechenden theologischen und metaphysischen verschieden. Aber diese sind darum nicht weniger die offenkundigen Keime der anderen. Eine richtig geleitete philosophische Operation hat ausgereicht, um den beiden hypothetischen Ansichten den positiven Charakter zu erteilen, welche in der Kindheit des menschlichen Verstandes durch Genies hervorgebracht worden sind. Diese Umwandlung hat zu-

dem ihren Wert nicht vermindert, sondern sie hat ihre Bedeutung als Denkmittel erhöht.
Die gleichen Betrachtungen finden genau dieselbe Anwendung auf die beiden allgemeinen politischen Gedanken, den positiven und den fiktiven, welche oben in Vergleich gestellt worden sind.

56. Die Wissenschaft als Prophet

Bevor wir die Untersuchung der Arbeit von *Condorcet* abschließen, ist es passend, ihr einen dritten Gesichtspunkt zu entnehmen, unter welchem der Geist der positiven Politik sich darstellen läßt.
Man hat *Condorcet* viele Vorwürfe darum gemacht, daß er gewagt hat, sein Werk durch ein Gemälde der *Zukunft* abzuschließen. Dieser kühne Einfall ist im Gegenteil der einzige philosophische Gesichtspunkt von hoher Bedeutung, den *Condorcet* bei der Ausführung seiner Arbeit zur Geltung gebracht hat, und er muß sorgfältig in die neue Geschichte der Kultur übertragen werden, für welche ein solches Gemälde offenbar den natürlichen Abschluß bildet.
Das was man *Condorcet* mit Recht vorwerfen kann, ist nicht, *daß* er die Zukunft hat bestimmen wollen, sondern daß er sie *schlecht* bestimmt hat. Dies rührt daher, daß seine Untersuchung der Vergangenheit völlig verfehlt war, und zwar aus den oben dargelegten Gründen. Da *Condorcet* die Vergangenheit schlecht geordnet hatte, so konnte er aus ihr die Zukunft nicht entnehmen. Diese Unzulänglichkeit der Beobachtung hat ihn darauf beschränkt, die Zukunft durchaus nach seiner Phantasie zu gestalten. Und natürlicherweise hat er sie unrichtig gestaltet. Aber dieser Mißerfolg, dessen Ursache einleuchtend ist, beweist nicht, daß man nicht auf Grund der wohlverstandenen Vergangenheit tatsächlich mit Sicherheit den allgemeinen Anblick der sozialen Zukunft bestimmen könnte.
Diese Idee scheint nur deshalb sonderbar, weil man sich noch nicht daran gewöhnt hat, die Politik als eine wirkliche Wissenschaft anzusehen. Denn wenn man sie derart betrachtet, so erscheint vielmehr die Bestimmung der Zukunft durch die philosophische Betrachtung der Vergangenheit als eine durchaus natürliche Idee, mit welcher alle Menschen bezüglich der anderen Klassen von Tatsachen wohl vertraut sind.
Jede Wissenschaft hat aber die Voraussicht zum Zweck. Denn

der allgemeine Gebrauch der Gesetze, welche sich aus der Beobachtung der Erscheinungen ergeben haben, besteht darin, deren Aufeinanderfolge vorauszusehen. Tatsächlich führen alle Menschen, so wenig entwickelt man sie auch annehmen mag, wirkliche Prophezeiungen aus, die stets auf demselben Prinzip beruhen, nämlich auf der Erkenntnis der Zukunft auf Grund der Kenntnis der Vergangenheit. Alle können beispielsweise die allgemeinen Wirkungen der irdischen Schwere voraussagen und ebenso eine Unzahl anderer Erscheinungen, die ebenso einfach und häufig sind, daß die Ordnung ihres Geschehens auch dem unfähigsten und wenig aufmerksamen Zuschauer klar wird. Die Fähigkeit der Voraussicht hat bei jedem Individuum zum Maß seine Kenntnis der Wissenschaft. Die Voraussicht des Astronomen, der mit vollkommener Genauigkeit den Zustand des Sonnensystems eine große Anzahl von Jahren voraussagt, ist absolut von derselben Natur, wie die des Wilden, welcher den nächsten Sonnenaufgang voraussagt. Der Unterschied beschränkt sich bloß auf die Ausdehnung ihrer Kenntnisse.

Es entspricht somit durchaus der Natur des menschlichen Geistes, daß die Beobachtung der Vergangenheit in der Politik die Zukunft zu entschleiern vermag, wie dies in der Astronomie, der Physik, der Chemie und der Physiologie geschieht. Eine derartige Vorausbestimmung muß sogar als der direkte Zweck der politischen Wissenschaft angesehen werden, nach dem Beispiel der übrigen positiven Wissenschaften. Es ist offenbar klar, daß die Feststellung des sozialen Systems, zu dem der Gang der Kultur gegenwärtig die Elite des Menschengeschlechtes beruft (welche Feststellung den wahren praktischen Gegenstand der positiven Politik darstellt), in nichts anderem besteht, als in der allgemeinen Voraussicht der sozialen Zukunft, wie sie sich aus der Vergangenheit ergibt.

Insgesamt hat also *Condorcet* als erster die wahre Natur der allgemeinen Arbeitsweise begriffen, durch welche die Politik zu dem Rang einer Beobachtungswissenschaft erhoben wird. Aber er hat sie in den allerwichtigsten Beziehungen auf durchaus fehlerhafte Weise ausgeführt. Der Zweck ist dadurch vollkommen verfehlt worden, zunächst seitens der Theorie und sodann seitens der Praxis. So muß diese Arbeit ganz und gar von neuem entworfen werden, nämlich nach wahrhaft philosophischen Gesichtspunkten und unter Beurteilung des Versuchs von *Condorcet* als einen Hinweis auf den wirklichen Zweck der wissenschaftlichen Politik.

57. Die Mathematik in der Politik

Bevor wir die summarische Untersuchung der Bemühungen abschließen, welche bisher angestellt worden sind, um die Politik zum Rang einer positiven Wissenschaft zu erheben, sind zwei andere Ansätze zu betrachten, welche nicht, wie die beiden vorangegangenen, eigentlich in der Linie des Fortschrittes des menschlichen Geistes bezüglich der Politik liegen, die aber dennoch zweckmäßig erwähnt werden.

Das Bedürfnis, die soziale Wissenschaft positiv zu machen, ist heutzutage so wirksam, diese große Unternehmung ist derart zur Reife gediehen, daß mehrere höhere Geister dieses Ziel zu erreichen gesucht haben, indem sie die Politik als eine Anwendung anderer Wissenschaften behandelten, die bereits positiv sind und in deren Gebiet sie die Politik einreihen zu dürfen glaubten. Da diese Versuche ihrer Natur nach unausführbar waren, so sind sie sehr viel häufiger projektiert als ausgeführt worden. Es wird deshalb genügen, sie vom allergemeinsten Gesichtspunkt aus zu betrachten.

Der erste Versuch hat darin bestanden, daß man auf die soziale Wissenschaft die *mathematische Analysis* in allgemeiner Weise anzuwenden versuchte und insbesondere die Teile derselben, welche sich auf die Wahrscheinlichkeitsrechnung beziehen. Diese Richtung ist von *Condorcet* eröffnet worden* und ist auch von ihm in der Hauptsache verfolgt worden.

Andere Geometer sind auf seinen Spuren weitergegangen und haben seine Hoffnungen geteilt, ohne irgend etwas Wesentliches seinen Arbeiten hinzuzufügen, wenigstens in philosophischer Beziehung. Sie stimmen aber darin überein, daß sie diese Art des Vorgehens als die einzige ansahen, durch welche der Politik ein positiver Charakter erteilt werden könnte.

Die Betrachtungen, welche in diesem Kapitel dargelegt worden sind, scheinen mir genügend zu beweisen, daß eine derartige

* Ein derartiges Projekt von seiten *Condorcets* beweist, entsprechend der vorangeschickten Untersuchung, daß er weit davon entfernt war, in klarer Weise die grundlegende Bedeutung der Geschichte der Kultur begriffen zu haben. Denn wenn er in der philosophischen Untersuchung der Vergangenheit das Mittel begriffen hätte, um die soziale Wissenschaft positiv zu machen, so hätte er dieses Mittel nicht anderswo suchen können.

Voraussetzung durchaus nicht notwendig ist, damit die Politik eine positive Wissenschaft wird. Aber es ist noch mehr zu sagen. Diese Betrachtungsweise der Sozialwissenschaft ist durchaus phantastisch und infolgedessen durchaus irrtümlich, wie man leicht erkennen kann.

Wenn es sich hier darum handelte, ein eingehendes Urteil über die Arbeiten dieser Art zu fällen, soweit sie bisher ausgeführt worden sind, so würde man bald konstatieren, daß sie tatsächlich den vorhandenen Ideen keinen einzigen Begriff von irgendwelcher Bedeutung hinzugefügt haben. Man würde beispielsweise erkennen, daß die Anstrengungen der Geometer, die Wahrscheinlichkeitsrechnung über ihre natürlichen Anwendungen hinaus zu erstrecken, in ihren wesentlichsten und positivsten Teilen zu nichts mehr geführt haben, als daß sie bezüglich der Theorie der Sicherheit als Abschluß einer langen und mühsamen algebraischen Arbeit einige beinahe triviale Sätze ergeben haben, deren Richtigkeit beim ersten Blick mit vollständiger Evidenz von jedem verständigen Menschen begriffen wird. Wir müssen uns aber damit begnügen, die Untersuchung in sich selbst und in ihrer allgemeinsten Form durchzuführen.

58. Grenzen der mathematischen Methoden

In erster Linie lassen sich die Betrachtungen, durch welche verschiedene Physiologen, insbesondere *Bichat*, die radikale Unmöglichkeit allgemein gezeigt haben, irgendeine wirkliche und richtige Anwendung der mathematischen Analysis auf die organischen Körper durchzuführen, unmittelbarer und im einzelnen Falle auch auf die moralischen und politischen Erscheinungen anwenden, die ja nichts sind als besondere Fälle jener ersten.

Diese Betrachtungen gründen sich auf die unabweislichste Vorbedingung dafür, daß die Phänomene mathematischen Gesetzen unterworfen werden können, nämlich daß ihre Quantitätsbeziehungen *bestimmt* seien. Nun ist bei allen physiologischen Erscheinungen jede Wirkung, sei sie teilweise oder vollständig, außerordentlich großen Veränderungen der Quantität unterworfen, welche sich mit der größten Geschwindigkeit und in ganz unregelmäßiger Weise vollziehen, da sie unter dem Einfluß einer Anzahl von Ursachen stehen, welche ihrerseits keine genaue Messung gestatten. Diese außerordentliche Veränderlichkeit ist eines der allgemeinsten Kennzeichen der Erscheinungen bei organischen Körpern. Sie stellt einen ihrer entscheidendsten Unterschiede gegenüber den unbelebten Körpern dar. Sie zerstört offenbar jede Hoffnung, sie jemals wirklichen Rechnungen zu unterwerfen, wie sie beispielsweise auf die astronomischen Erscheinungen Anwendung finden, die ihrerseits von allen die geeignetsten dazu sind, um als Vergleichstypen zu dienen.

Wird dies zugestanden, so begreift man leicht, daß diese unaufhörliche Veränderlichkeit der Wirkungen, welche auf der überaus großen Verwicklung der Ursachen beruht, die zu diesen Wirkungen zusammentreten, noch außerordentlich viel größer sein muß für die moralischen und politischen Phänomene beim Menschengeschlecht, die ihrerseits die verwickeltste Klasse der physiologischen Erscheinungen darstellen. Sie sind tatsächlich diejenigen, bei welchen die Quantitätsgrade die allerausgedehnteste Mannigfaltigkeit aufweisen, welche die vielfältigsten und unregelmäßigsten sind.

Erwägt man in angemessener Weise diese Betrachtungen, so wird man, wie ich glaube, nicht zögern, zuzugeben, ohne daß man zu fürchten braucht, die Tragweite des menschlichen Geistes zu unterschätzen, daß nicht nur bei dem gegenwärtigen Zustand unserer Kenntnisse, sondern auch bei dem höchsten Grad der Vervollkommnung, den sie möglicherweise erreichen können, jede ausgedehnte Anwendung der Mathematik auf die Sozialwissenschaft notwendig unmöglich ist und bleiben wird. Aber selbst wenn man annehmen wollte, daß eine derartige Hoffnung sich jemals verwirklichen könnte, würde es zweitens unwiderleglich bleiben, daß die politische Wissenschaft zunächst auf eine ganz direkte Weise studiert werden muß, ehe man so weit kommen könnte. D. h. man muß sich zunächst ausschließlich der Aufgabe widmen, die Reihe der politischen Tatsachen in Ordnung zu bringen.

Von wie großer Bedeutung auch die mathematische Analyse in ihren wirklichen Anwendungsgebieten sein mag, so darf man doch nicht aus dem Auge verlieren, daß sie als Wissenschaft nur ein reines Hilfsmittel oder eine Methode ist. An und für sich lehrt sie nichts Wirkliches. Sie wird keine fruchtbare Quelle von positiven Entdeckungen, solange sie nicht auf beobachtete Phänomene angewendet wird.

In dem Gebiet der Erscheinungen, welche diese Anwendung

gestatten, kann diese niemals *unmittelbar* stattfinden. Es wird jedesmal vorausgesetzt, daß die entsprechende Wissenschaft bereits einen gewissen vorläufigen Grad von Kultur und Vervollkommnung erreicht hat, dessen natürliche Höhe durch die Kenntnis der genauen Gesetze bezeichnet ist, welche sich bezüglich der Quantität der Phänomene aus der Beobachtung ergeben. Erst nachdem derartige Gesetze entdeckt sind, so unvollkommen sie auch zunächst sein mögen, wird die mathematische Analyse anwendbar. Weiterhin gestattet sie durch ihre machtvollen Mittel der Deduktion, diese Gesetze auf eine sehr kleine Zahl, häufig auf ein einziges zu reduzieren und ihnen eine Unzahl von Einzeltatsachen genau zu unterwerfen, welche anfangs gar nicht damit in Beziehung zu sein scheinen. Mit einem Wort, die Mathematik bringt in der Wissenschaft eine vollkommene *Ordnung* zustande, welche in gleichem Maße auf keinem anderen Wege erreicht werden könnte. Aber es ist evident, daß jede Anwendung der mathematischen Analyse, welche versucht wird, bevor diese Vorbedingung der Entdeckung einiger berechenbarer Gesetze erfüllt ist, vollkommen illusorisch bleibt. Statt daß man dadurch irgendein Gebiet unserer Kenntnisse positiv machen könnte, drängt man nur das Studium der Natur in das Gebiet der Metaphysik hinüber, indem man den Spekulationen die Rolle zuweist, die ausschließlich den Beobachtungen zukommt.

So begreift man, daß beispielsweise die Mathematik mit großem Erfolge auf die Astronomie, die geometrische wie die mechanische, angewendet werden konnte; ebenso auf die Optik, die Akustik und ganz neuerdings auch auf die Theorie der Wärme, nachdem einmal der Fortschritt der Beobachtungen dieser verschiedenen Gebiete der Physik es möglich gemacht hatte, zwischen den Erscheinungen einige genaue quantitative Gesetze aufzustellen, während vor diesen Entdeckungen irgendwelche Anwendung der Mathematik keinerlei reelle Grundlage gehabt hätte und ebensowenig einen positiven Ausgangspunkt. Ebenso studieren die Chemiker, welche heute besonders stark an die Möglichkeit glauben, eines Tages in ausgedehnter und gleichzeitig positiver Weise die Mathematik auf die chemischen Erscheinungen anzuwenden, zu diesem Zweck die Tatsachen direkt, da sie überzeugt sind, daß sich erst auf Grund einer langen Reihe von beobachtenden und experimentellen Forschungen allein die numerischen Gesetze

werden entschleiern lassen, auf denen diese Anwendung beruhen muß, damit sie Realität besitzt.
Die soeben angegebene unabweisliche Bedingung ist um so schwieriger zu erfüllen, und sie erfordert einen um so höheren vorgängigen Grad der Kultur und der Vervollkommnung, je verwickelter die betrachteten Phänomene sind. So war die Astronomie wenigstens in ihrem geometrischen Teile ein Zweig der angewandten Mathematik geworden, lange bevor das für die Optik möglich war. Diese erreichte den erforderlichen Zustand vor der Akustik und zuletzt ist die Theorie der Wärme gekommen. Aus diesem Grunde ist auch die Chemie heute noch sehr weit von diesem Zustande entfernt, wenn sie überhaupt jemals bis zu ihm wird gelangen können.
Beurteilt man nach diesen unwidersprechlichen Grundsätzen die Anwendung der Mathematik auf die physiologischen Erscheinungen im allgemeinen und auf die sozialen Erscheinungen des Menschengeschlechtes im besonderen, so erkennt man zunächst, daß selbst wenn man die Möglichkeit einer solchen Anwendung zugeben wollte, sie doch keineswegs uns das direkte Studium der Erscheinungen überflüssig machen würde, da sie vielmehr ein solches als notwendige Vorbedingung verlangt. Wenn man weiter aufmerksam die Beschaffenheit dieser Bedingung studiert, so begreift man, daß sie für die Physik der organisierten Körper im allgemeinen und insbesondere für die soziale Physik einen Grad der Vollkommenheit voraussetzt, welcher, wenn er nicht überhaupt schimärisch ist, sicherlich nicht erreicht werden kann, bevor noch Jahrhunderte der Kultur vergangen sind. Die Entdeckung genauer und berechenbarer Gesetze der Physiologie würde einen Entwicklungsgrad darstellen, der weit über dem liegt, welchen selbst die Physiologen annehmen, die zu den höchstfliegenden Hoffnungen über die künftigen Schicksale dieser Wissenschaft bereit sind. Tatsächlich muß ein derartiger Zustand der Vollkommenheit gemäß den oben dargelegten Gründen als völlig undenkbar und unvereinbar mit der Natur der Erscheinungen angesehen werden, da er ganz außer Verhältnis mit der wirklichen Leistungsfähigkeit des menschlichen Geistes steht.
Die gleichen Gründe finden offenkundig mit um so mehr Kraft Anwendung auf die *politische* Wissenschaft, entsprechend der viel größeren Verwicklung ihrer Erscheinungen. Sich vorstellen, daß es eines Tages möglich sein würde, quantitative Ge-

setze zwischen den Phänomenen dieser Wissenschaft zu entdecken, würde die Voraussetzung bedeuten, daß sie bis zu einem solchen Grade vervollkommnet ist, daß selbst bevor dieser Punkt erreicht wäre, alles das, was wirklich interessant zu finden wäre, bereits vollständig erlangt sein müßte und dieses in einem Maße, welches weit alle die Wünsche übertrifft, die man vernünftigerweise hegen kann. Somit kann die Mathematik keine Anwendung auf dieses Gebiet finden, außer zu einer Zeit, wo diese Anwendung keinerlei wirkliche Bedeutung mehr haben würde.

Es folgt aus den vorangegangenen Betrachtungen, daß einerseits die Art der politischen Phänomene absolut jede Hoffnung abschneidet, jemals die Mathematik auf sie anzuwenden, und daß andererseits diese Anwendung, wenn man sie als möglich annimmt, in keiner Weise dazu dienen könnte, die Politik zum Rang der positiven Wissenschaften zu erheben, da sie, um ausführbar zu sein, voraussetzen würde, daß die Wissenschaft bereits vollendet wäre.

Die Geometer haben bisher noch nicht genügend acht gegeben auf den großen und grundlegenden Unterschied unserer positiven Kenntnisse, die sich einerseits auf die unbelebten und andererseits auf die belebten Körper beziehen. Diese Einteilung, welche der menschliche Geist den Physiologen verdankt, ist heute auf unerschütterlichen Grundlagen errichtet und bestätigt sich mehr und mehr in dem Maße, als man mehr über sie nachdenkt. Sie begrenzt genau und unwiderruflich das Anwendungsgebiet der Mathematik in seiner denkbar größten Ausdehnung. Man kann prinzipiell feststellen, daß niemals die Mathematik ihre Herrschaft über die Physik der unbelebten Körper hinaus erstrecken wird, deren Erscheinungen die einzigen sind, welche den hinreichenden Grad von Einfachheit und deshalb von der Bestimmtheit aufweisen, welche erforderlich ist, um sie numerischen Gesetzen zu unterwerfen.

Beachtet man, in welchem Maße selbst bei den einfachsten Anwendungen der Mathematik die Arbeit erschwert wird, sobald man die abstrakten Ansätze genügend den konkreten Verhältnissen nähern will; beachtet man, wie sehr diese Schwierigkeit zunimmt, wenn die Phänomene verwickelter werden, so begreift man, daß das Anwendungsgebiet der reellen mathematischen Betätigung durch das oben aufgestellte Prinzip eher zu weit als zu eng angesetzt worden ist.

59. Quelle der Irrtümer

Die Idee, die Sozialwissenschaft als ein Anwendungsgebiet der Mathematik zu behandeln, um sie positiv zu machen, hat ihre Quelle in dem metaphysischen Vorurteil, daß es außerhalb der Mathematik keine wirkliche Gewißheit gibt. Dieses Vorurteil war zu einer Zeit natürlich, wo alles, was es Positives gab, sich ausschließlich im Gebiete der angewandten Mathematik vorfand und wo demgemäß alles das, was sie nicht umfaßte, als vag und zufällig erschien. Aber seit der Entstehung zweier großer positiver Wissenschaften, der Chemie und insbesondere der Physiologie, in denen die Mathematik keinerlei Rolle spielt und welche nichtsdestoweniger als ebenso sicher wie die anderen anerkannt sind, erscheint ein derartiges Vorurteil als völlig unentschuldbar.

Die Astronomie, die Physik usw. sind nicht deshalb positive und sichere Wissenschaften, weil sie Anwendungsgebiete der mathematischen Analysis sind. Diese Eigenschaft kommt ihnen selbständig zu und rührt daher, daß sie auf beobachtete Tatsachen begründet sind. Ja, sie kann aus keiner anderen Quelle stammen, da die mathematische Analyse außerhalb der Beobachtungen der Naturerscheinungen nur einen metaphysischen Charakter hat. Nun darf man sicherlich in den Wissenschaften, auf welche die Mathematik noch nicht anwendbar ist, noch viel weniger die unmittelbare Beobachtung aus dem Auge verlieren. Die Deduktionen können so weit nicht mit Sicherheit verlängert werden, weil die Denkmittel sehr viel weniger vollkommen sind. Abgesehen hiervon ist die Sicherheit genau so groß, falls man sich auf die angemessenen Grenzen beschränkt. Man erhält zweifellos eine weniger vollkommene Ordnung, aber sie ist ausreichend für die reellen Bedürfnisse der Anwendung dieser Wissenschaften.

Die phantastische Suche nach einer unmöglichen Vollendung würde kein anderes Resultat haben, als unvermeidlich den Fortschritt des menschlichen Geistes zu verzögern, indem sie ohne irgendwelchen Erfolg große intellektuelle Kräfte verzehren würde und indem sie die Anstrengungen der Forscher von ihrer wahren Richtung der positiven Betätigung abwenden würde. Dies ist das endgültige Urteil, welches ich über die Versuche fällen zu dürfen glaube, die man mit der Anwendung der mathematischen Analyse auf die soziale Physik gemacht hat.

60. Physiologie und Politik

Ein zweiter Versuch, der seiner Natur nach unvergleichlich viel weniger falsch als der eben geschilderte, aber ebensowenig ausführbar ist, besteht darin, die Sozialwissenschaft dadurch positiv zu machen, daß man sie als eine einfache und unmittelbare Konsequenz der Physiologie betrachtet. *Cabanis* ist der Autor dieser Auffassung, und er hat sie auch vorwiegend durchgeführt. Sie stellt den eigentlichen philosophischen Zweck seines berühmten Buches »Über das Verhältnis des Physischen zum Moralischen im Menschen« dar, wie jeder erkennt, der die allgemeine, in diesem Werke dargelegte Lehre als organisch und nicht bloß kritisch auffaßt.

Die in diesem Kapitel über das Wesen der positiven Politik dargelegten Betrachtungen beweisen, daß auch dieser Versuch ebenso wie der frühere notwendig verunglücken mußte. Aber es handelt sich gegenwärtig darum, den Fehler mit Genauigkeit anzugeben.

Dieser besteht darin, daß ein derartiges Vorgehen die unmittelbare Beobachtung der *sozialen Vergangenheit* verhindert, welche doch der positiven Politik zur Grundlage dienen muß.

Da die Überlegenheit des Menschen über die anderen Tiere tatsächlich keine andere Ursache hat und haben kann, als die relative Vollkommenheit seiner Organisation, so muß offenbar alles das, was das Menschengeschlecht tut und tun kann, in letzter Analyse als eine notwendige Konsequenz seiner Organisation angesehen werden, die in ihren Wirkungen durch die äußeren Verhältnisse modifiziert wird. In solchem Sinne ist die soziale Physik, d. h. das Studium der kollektiven Entwicklung des Menschengeschlechtes tatsächlich ein Zweig der Physiologie, d. h. des Studiums des Menschen in seiner ganzen Ausdehnung. Mit anderen Worten, die *Kultur*geschichte ist nichts anderes, als die Folge und die notwendige Ergänzung der *Natur*geschichte des Menschen.

So wichtig es aber auch sein mag, diesen unzweifelhaften Zusammenhang richtig zu verstehen und ihn niemals aus den Augen zu verlieren, so wäre es doch ein Mißverständnis, daraus zu schließen, daß man den zweifellosen Unterschied zwischen der sozialen Physik und der Physiologie im engeren Sinne überhaupt nicht aufzustellen brauchte.

Wenn die Physiologen die Naturgeschichte irgendeiner Tierart mit sozialen Eigenschaften, beispielsweise der Biber, erforschen, so ziehen sie mit Recht auch die Beschreibung der kollektiven Tätigkeit ihrer Gemeinden mit in Betracht. Sie halten es nicht für notwendig, eine Trennungslinie zwischen dem Studium der sozialen Erscheinungen der Art zu ziehen und denen, die sich auf das isolierte Individuum beziehen. Ein solcher Mangel an Genauigkeit bewirkt in dem vorliegenden Falle keinen wirklichen Nachteil, obwohl die beiden Arten von Erscheinungen verschieden sind. Denn die Kultur auch der intelligentesten gruppenbildenden Tiere kommt nicht über einen ersten Anfang hinaus, was wesentlich auf der Unvollkommenheit ihrer Organisation und sodann auf der Vorherrschaft des Menschengeschlechtes beruht. Demgemäß empfindet der Geist keine Schwierigkeit, in einer so kurzen Kette alle einzelnen Tatsachen bezüglich der Gemeinschaften unmittelbar mit den Erscheinungen am Individuum in Zusammenhang zu bringen. Somit besteht hier nicht der allgemeine Grund, aus welchem man zur Erleichterung des Studiums Einteilungen macht, nämlich die Unmöglichkeit für die menschliche Intelligenz, eine allzulang ausgedehnte Kette von Deduktionen zu verfolgen.

Nimmt man im Gegensatz dazu an, daß das Bibergeschlecht intelligenter wird, daß seine Kultur sich frei entwickeln kann, so daß sich ein beständiger Zusammenhang der Fortschritte von einer Generation zur anderen herstellt, dann würde man bald die Notwendigkeit empfinden, die Geschichte der sozialen Eigenschaften dieser Spezies besonders zu behandeln. Für die ersten Generationen wird man vielleicht dieses Studium noch mit dem der individuellen Phänomene in Zusammenhang bringen können. Aber in dem Maße, als man sich vom Ursprung entfernen muß, werden die Deduktionen schwieriger, und zuletzt stellt sich eine unvollkommene Unmöglichkeit ein, sie zu verfolgen. Genau dieses liegt, und zwar im allerhöchsten Grade, beim Menschen vor.

Zweifellos sind die Kollektiverscheinungen des Menschengeschlechtes ebenso wie seine individuellen Erscheinungen auf die besondere Beschaffenheit des Organismus als auf ihre letzte Ursache zurückzuführen. Aber der Kulturzustand der Menschen in jeder Generation hängt unmittelbar nur von dem der vorangegangenen Generation ab und bringt unmittelbar nur den der folgenden hervor. Diese Reihefolge kann man mit genügender Genauigkeit vom Anfang ab verfolgen, indem man direkt jedes Glied nur mit dem unmittelbar vorangegangenen und mit dem unmittelbar folgenden verbindet. Dagegen wäre es vollkommen außerhalb der Kräfte unseres Geistes, irgendein beliebiges Glied dieser Reihe unmittelbar mit dem Ausgangspunkt zu verbinden, ohne Rücksicht auf alle dazwischenliegenden Zustände zu nehmen.

Die Verwegenheit dieser Unternehmung in einem derartigen Studium kann verglichen werden mit der eines Physiologen, welcher beim Studium des Individuums in der Überzeugung, daß doch die verschiedenen Erscheinungen der aufeinanderfolgenden Altersstadien einzig die Konsequenz und die notwendige Entwicklung der anfänglichen Organisation sind, versuchen wollte, die Geschichte irgendeines Punktes des Lebens von dem Zustande des Individuums bei seiner Geburt (der mit großer Genauigkeit bestimmbar sein möge) abzuleiten und sich dadurch der Aufgabe überhoben glaubte, unmittelbar die einzelnen Entwicklungsstufen zu untersuchen, um genau die Gesamtentwicklung zu erkennen. Der Irrtum ist in bezug auf die Art viel größer, als er jemals in bezug auf das Individuum werden kann, da im ersten Falle die aufeinander zu beziehenden Glieder viel verwickelter und gleichzeitig viel zahlreicher sind als im zweiten.

Wenn man sich eigensinnig auf diesen ungangbaren Weg beschränken wollte, so würde man, abgesehen daß man niemals die Kulturgeschichte befriedigend studieren könnte, offenbar in die gröbsten Irrtümer geführt werden. Denn da eine vollkommene Unmöglichkeit besteht, die verschiedenen Kulturzustände unmittelbar mit dem primitiven und allgemeinen Ausgangspunkt in Zusammenhang zu bringen, wie er durch die besondere Natur des Menschen gegeben ist, so würde man bald dazu verführt werden, auf *sekundäre* organische Umstände Dinge zurückzuführen, welche vielmehr entfernte Konsequenzen der *Grundgesetze* der Organisation sind.

Dergestalt sind beispielsweise verschiedene tüchtige Physiologen dazu gekommen, den nationalen Charakteren eine offenbar weit übertriebene Wichtigkeit für das Verständnis der politischen Ereignisse zuzuschreiben. Sie haben sie wesentlichen Verschiedenheiten zwischen den Völkern zugeschrieben, wo in fast allen Fällen ihre Ursache nur darin lag, daß diese sich in verschiedenen Epochen der Kultur befanden. Es ist daraus

der schlimme Irrtum entstanden, daß man als unveränderlich angesehen hat, was sicherlich nur vorübergehend ist. Diese Verirrungen, für die man leicht die Beispiele vermehren könnte und welche alle aus demselben ursprünglichen Mißgriff in der Art des Schließens stammen, bestätigen klar die Notwendigkeit, das Studium der sozialen Erscheinungen von dem der physiologischen im engeren Sinne zu trennen.
Die Geometer, welche sich zu philosophischen Gedanken erhoben haben, fassen im allgemeinen alle Erscheinungen des Weltalls, sowohl die der organischen wie die der leblosen Körper als unterworfen einer kleinen Zahl gemeinsamer und unveränderlicher Gesetze auf. Die Physiologen bemerken hierzu mit Recht, daß selbst, wenn alle diese Gesetze eines Tages genau bekannt wären, die Unmöglichkeit einer stetigen Deduktion des Lebens aus ihnen uns zwingen würde, ebenso eine Trennung zwischen dem Studium der lebenden Körper und dem der leblosen vorzunehmen, wie heute eine solche auf der Verschiedenheit der entsprechenden Gesetze begründet ist. Ein durchaus ähnliches Motiv findet seine unmittelbare Anwendung auf die Teilung zwischen der sozialen Physik und der Physiologie im engeren Sinne, d. h. zwischen der Physiologie der Gattung und der der Individuen. Der Abstand ist ohne Zweifel sehr viel kleiner, da es sich um eine sekundäre Trennung handelt, während die andere grundsätzlich ist. Aber es besteht die gleiche Unmöglichkeit der Ableitung, wenn sie auch nicht von gleichem Grade ist.
Die vollständige Unzulänglichkeit dieses Vorgehens ergibt sich leicht, wenn man nicht nur die Theorie der positiven Politik ins Auge faßt, sondern auch den praktischen tatsächlichen Zweck dieser Wissenschaft, nämlich die Bestimmung des Systems, nach welchem die Gesellschaft gegenwärtig reorganisiert werden muß.
Man kann zweifellos feststellen, welcher Kulturzustand gemäß den physiologischen Gesetzen im allgemeinen der Natur des Menschengeschlechtes künftig am meisten entsprechen wird. Nach dem Vorhergesagten aber ist es klar, daß man auf diesem Wege nicht sehr weit kommen kann. Denn eine derartige Begriffsbildung, die man isoliert und als reine Spekulation hinstellen muß, kann in der Praxis durchaus zu keinem reellen und positiven Ergebnis führen. Sie gibt keinerlei Anhaltspunkt, um auf die positive Weise zu erkennen, in welcher Entfernung das

Menschengeschlecht sich gegenwärtig von diesem Zustand befindet, und ebensowenig gibt sie den Weg an, auf dem es dahin gelangen kann. Ebenso fehlt der allgemeine Plan der entsprechenden sozialen Organisation. Diese unumgänglich notwendigen Bestimmungen können offenbar nur aus einem direkten Studium der Kulturgeschichte entnommen werden.
Wenn man trotzdem versuchen wollte, aus jener spekulativen und notwendig unvollkommenen Überlegung eine praktische Wirklichkeit zu machen, so würde man nicht vermeiden können, alsbald in das »Absolute« zu geraten. Denn man wird dann die tatsächliche Anwendung der Sozialwissenschaft auf die Ausbildung eines unveränderlichen Vollendungstypus von großer Unbestimmtheit beschränken und würde in der Weise der Konjekturalpolitik auf jede Unterscheidung des Entwicklungsgrades verzichten. Die Bedingungen, nach welchen die Vortrefflichkeit eines solchen Typus festgestellt wird, sind sicherlich von einer sehr viel positiveren Ordnung als diejenigen, über welche die theologische und metaphysische Politik verfügen. Aber diese Modifikationen ändern den absoluten Charakter nicht, welcher einer derartigen Fragestellung anhaftet, in welchem Sinne man sie auch bearbeitet denkt. Die Politik würde daher niemals wirklich positiv werden, wenn man in solcher Weise vorgehen wollte.
Somit ist es ebenso falsch, vom theoretischen wie vom praktischen Gesichtspunkt die Sozialwissenschaft als eine einfache Konsequenz der Physiologie aufzufassen.

61. Die Physiologie als Ausgangspunkt der Soziologie

Die wirkliche direkte Beziehung zwischen der Kenntnis des menschlichen Organismus und der Wissenschaft der Politik in dem Sinne, wie sie in diesem Kapitel gekennzeichnet ist, liegt darin, daß die erste den *Ausgangspunkt* für die zweite bilden muß.
Der Physiologie kommt es ausschließlich zu, auf positive Weise die Ursachen festzustellen, welche das Menschengeschlecht einer beständig ansteigenden Kultur fähig machen, soweit der Zustand des Planeten, den es bewohnt, dem kein unübersteigbares Hindernis entgegenstellt. Sie allein kann den wahrhaften Charakter und den notwendigen allgemeinen Gang dieser Kultur kennzeichnen. Sie allein endlich gestattet, die Bildung der ersten menschlichen Gruppen zu erklären und die Geschichte

der Kindheit unseres Geschlechtes bis zu dem Punkt zu führen, wo dieses beginnt, der Kultur den ersten Aufschwung durch die Schaffung einer Sprache zu geben.

An diesem Punkte hört aber naturgemäß die Rolle der direkten physiologischen Betrachtungen in der sozialen Physik auf, da diese von dort ab ausschließlich auf die unmittelbare Beobachtung der Fortschritte des Menschengeschlechtes begründet werden muß. Von dieser Stelle an würde die Schwierigkeit der Deduktion alsbald gar zu groß werden, weil von hier ab der Gang der Kultur plötzlich eine sehr viel größere Geschwindigkeit annimmt, so daß die Glieder, welche miteinander in Zusammenhang gebracht werden müssen, sich plötzlich vervielfältigen. Andererseits hörte die Hilfe, welche die Physiologie für das Studium der Vergangenheit liefert, an dieser Stelle auf, notwendig zu werden. Sie hat dann nicht mehr den Zweck, den Mangel der unmittelbaren Beobachtungen zu ersetzen. Denn seit der Schaffung einer Sprache bestehen unmittelbare Daten über die Entwicklung der Kultur, so daß in der Gesamtheit der positiven Forschungen keine Lücke mehr entsteht.

Dem Gesagten ist folgendes hinzuzufügen, damit die wirkliche Rolle der Physiologie in der sozialen Physik vollständig übersehbar wird. Wie *Condorcet* sehr gut bemerkt hat, ist die Entwicklung der Art nur die Resultierende der individuellen Entwicklungen, welche sich von Generation zu Generation verketten; sie muß deshalb notwendigerweise Züge einer allgemeinen Übereinstimmung mit der Naturgeschichte des Individuums darbieten. Durch diese Analogie gewährt das Studium des Individuums gewisse weitere Mittel der Verifikation und der Beurteilung der Gattungsentwicklung, die von den oben angegebenen verschieden sind und die, wenn sie auch geringere Bedeutung haben, doch den Vorzug besitzen, daß sie sich über alle Zeiten erstrecken.

Zusammenfassend kann man sagen, daß, wenn auch die Physiologie der Gattung und die des Individuums zwei Wissenschaften von durchaus der gleichen Ordnung sind oder vielmehr zwei verschiedene Teile einer und derselben Wissenschaft, es doch nicht minder notwendig ist, sie einzeln aufzustellen und zu behandeln. Es ist notwendig, daß die erste ihre Grundlage und ihren Ausgangspunkt aus der zweiten nimmt, damit sie tatsächlich positiv wird. Hernach muß sie aber auf besondere

Weise studiert werden und sich auf die unmittelbare Beobachtung der sozialen Erscheinungen stützen.
Es ist natürlich, daß man zunächst versucht hat, die soziale Physik vollständig zu einem Teil der Physiologie zu machen, solange man kein anderes Mittel sehen konnte, ihr einen positiven Charakter zu geben. Aber dieser Irrtum kann heute nicht mehr entschuldigt werden, da man sich leicht von der Möglichkeit überzeugen kann, die wissenschaftliche Politik dadurch positiv zu machen, daß man sie auf die unmittelbare Beobachtung der sozialen Vergangenheit gründet.
Ferner war es in dem Augenblick, wo das Studium der intellektuellen und affektiven Funktionen aus dem Gebiete der Metaphysik herausgetreten war, um dem der Physiologie eingereiht zu werden, außerordentlich schwierig, jede Übertreibung in der Festlegung der Grenzen der Physiologie zu vermeiden und an der Aufnahme auch der sozialen Erscheinungen in dieses Gebiet vorüberzugehen. Die Zeiten der Eroberungen sind nicht die der genauen Grenzen. So ist auch *Cabanis*, der einer der wichtigsten Mitarbeiter in dieser großen Revolution gewesen ist, insbesondere entschuldbar, daß er sich in dieser Beziehung Irrtümern hingegeben hat. Aber heute, wo auf die Begeisterung des ersten Eindrucks eine strenge Analyse folgen kann und muß, so gibt es keinen Anlaß mehr, die Notwendigkeit einer Teilung zu verkennen, welche durch die Schwäche des menschlichen Geistes unvermeidlich gefordert ist.
Kein wirkliches Motiv gibt mehr Veranlassung, bei der Untersuchung des Individuums die Erscheinungen, die man speziell moralisch nennt, von den anderen Erscheinungen zu trennen. Die Revolution, durch welche sie alle in Zusammenhang gebracht worden sind, muß als der wesentlichste Schritt angesehen werden, den die Physiologie bisher in philosophischer Beziehung getan hat.
Im Gegensatz dazu beweisen Betrachtungen von grundlegender Wichtigkeit die unbedingte Notwendigkeit, das Studium der Kollektiverscheinungen des Menschengeschlechtes von dem der individuellen Erscheinungen zu trennen, wobei man natürlich feststellt, daß diese beiden großen Teile der Gesamtphysiologie in natürlicher Beziehung stehen. Wenn man sich bemühen wollte, diese notwendige Teilung verschwinden zu lassen, würde man in einen Irrtum verfallen, der ähnlich, wenn auch geringer ist, als der mit Recht von den wahren Physiologen

bekämpfte, nach welchem das Studium der lebenden Körper als eine Konsequenz oder ein Anhang des Studiums der unbelebten erscheint.
Dies sind die vier hauptsächlichen Versuche, die man bisher angestellt hat, um die Politik zum Rang einer Beobachtungswissenschaft zu erheben; sie beweisen insgesamt auf die bestimmteste Weise, wie notwendig und zeitgemäß diese große Unternehmung ist. Jede von ihnen bestätigt bei genauer Untersuchung unter einem besonderen Gesichtspunkt die oben dargelegten Prinzipien über das wahre Mittel, der Politik den positiven Charakter zu verleihen und dadurch die allgemeine Konzeption des neuen sozialen Systems festzulegen, welche allein die gegenwärtige Krisis des zivilisierten Europas beenden kann.
Man darf deshalb sowohl a priori wie auch a posteriori als bewiesen ansehen, daß man zur Erreichung dieses großen Zwekkes die politische Wissenschaft als eine besondere Art der Physik ansehen muß, die auf der unmittelbaren Beobachtung der Erscheinungen bezüglich der kollektiven Entwicklung des Menschengeschlechtes beruht und zum Gegenstand die Systematisierung der sozialen Vergangenheit, zum Resultat die Bestimmung des Systems hat, welchen der Gang der Kultur gegenwärtig hervorzurufen bestrebt ist. Diese soziale Physik ist offenbar ebenso positiv wie jede andere Beobachtungswissenschaft. Ihre innere Sicherheit ist durchaus ebenso reell.* Wenn die Gesetze, welche sie entdecken wird, der Gesamtheit der beobachteten Tatsachen genügen, so wird deren Anwendung vollkommenes Vertrauen verdienen.

62. Soziologische Methoden

Wie alle anderen Wissenschaften, besitzt auch diese außerdem allgemeine Mittel der Bewahrheitung, die sogar unabhängig sind von ihren notwendigen Beziehungen zur Physiologie. Diese Mittel beruhen darauf, daß bei dem gegenwärtigen Zu-

* Es ist zweifellos überflüssig, sich hier mit der Widerlegung der überaus übertriebenen Einwürfe aufzuhalten, welche von verschiedenen Autoren, insbesondere von *Volney*, gegen die Sicherheit der historischen Tatsachen erhoben worden sind. Selbst wenn man diesen Einwürfen die ganze Bedeutung zuschreiben wollte, welche ihre Autoren für sie in Anspruch nehmen, so würden sie doch in keiner Weise jene Tatsachen von einem gewissen Grade der Wichtigkeit und Allgemeinheit erschüttern, welche allein für das Studium der Kultur in Betracht kommen.

stande des Menschengeschlechtes in seiner Gesamtheit alle Kulturgrade nebeneinander an den verschiedenen Punkten des Erdkörpers bestehen, von dem der Wilden in Neuseeland ab bis zu dem der Franzosen und Engländer. Somit kann der Zusammenhang, wie er in der Aufeinanderfolge der Zeiten sich ergibt, durch den örtlichen Vergleich bestätigt werden.
Beim ersten Blick scheint diese neue Wissenschaft durchaus auf die bloße Beobachtung reduziert und vollkommen der Unterstützung des Versuches beraubt zu sein. Dieses würde sie nicht daran hindern, positiv zu sein, wofür die Astronomie ein Zeugnis ablegt. Aber in der Physiologie sind unabhängig von den Tierexperimenten die pathologischen Fälle tatsächlich ein Äquivalent der direkten Versuche am Menschen, weil sie die gewöhnliche Ordnung der Tatsachen ändern. Ebenso und aus einem ähnlichen Grunde müssen die vielfachen Epochen, wo die politischen Kombinationen mehr oder weniger die Tendenz gehabt haben, die Entwicklung der Kultur zu unterbrechen, als Mittel angesehen werden, der sozialen Physik wirkliche Experimente zu liefern, die zum Teil noch geeigneter sind, als die einfache Beobachtung, die Naturgesetze zu entschleiern oder zu bestätigen, welche den kollektiven Weg des Menschengeschlechtes regeln.

IX. Schluß

63. Ausblick

Wenn, wie ich zu hoffen wage, die in diesem Kapitel vorgelegten Betrachtungen den Forschern die Wichtigkeit und die Möglichkeit nahelegen, eine positive Politik in dem hier angegebenen Sinne zu schaffen, so würde ich mit mehr Einzelheiten meine Anschauung über die Art und Weise darlegen, wie diese erste Reihe von Arbeiten durchzuführen sein würde. Aber ich glaube, daß es nützlich ist, zum Schluß auf die Notwendigkeit hinzuweisen, die Arbeit zunächst nach zwei Richtungen zu teilen, nämlich der *allgemeinen* und der *einzelnen Arbeiten.*

Die erste Reihe von Arbeiten muß den Zweck haben, den allgemeinen Entwicklungsgang des Menschengeschlechtes festzustellen, ohne Rücksicht auf die verschiedenartigen Ursachen, welche die Geschwindigkeit der Kulturentwicklung ändern können und deshalb auch ohne Rücksicht auf all die Mannigfaltigkeiten, die man von Volk zu Volk beobachtet, wie groß sie auch zunächst erscheinen mögen. Der zweiten Reihe würde die wichtige Aufgabe zufallen, den Einfluß der modifizierenden Ursachen zu ermitteln und infolgedessen das definitive System aufzustellen, in welchem jedes Volk den besonderen Platz einnehmen wird, der seiner eigenen Entwicklung entspricht.

Die eine und die andere Reihe von Arbeiten, insbesondere die zweite, lassen sich im übrigen bei ihrer Ausführung in verschiedene Grade der Allgemeinheit einteilen, deren Notwendigkeit sich wahrscheinlich den Forschern alsbald aufdrängen wird.

Die Notwendigkeit, die erste Reihe der Arbeiten anzufangen, beruht auf dem offenkundigen Grundsatz, der auf die Physiologie des Menschengeschlechtes ebenso anwendbar ist, wie auf die des Individuums, daß die Abweichungen nicht studiert werden können, bevor die allgemeinen Gesetze aufgestellt worden sind. Man müßte durchaus verzichten, irgendwelche klaren Begriffe zu gewinnen, wenn man diese Regeln verletzen würde.

Was die Möglichkeit eines solchen Vorgehens anlangt, so ergibt sich diese daraus, daß gegenwärtig schon eine recht große Zahl von einzelnen Punkten so weit aufgeklärt sind, daß man sich unmittelbar mit der allgemeinen Systematik befassen kann. Die

Physiologen haben auch nicht gewartet, um sich eine Idee von der Gesamtheit des Organismus zu machen, bis alle besonderen Funktionen bekannt waren. Ebenso muß es mit der sozialen Physik geschehen.

64. Verschiedener Weg der physischen und der organischen Wissenschaft

Faßt man diese Betrachtungen schärfer zusammen, so sieht man, daß sie die Tendenz haben, zu fordern, daß man bei der Ausbildung der wissenschaftlichen Politik vom *Allgemeinen zum Besonderen* geht. Wenn man diese Vorschrift unmittelbar untersucht, so wird man leicht ihre Richtigkeit erkennen.
Der Weg des menschlichen Geistes bei der Erforschung der Gesetze der natürlichen Erscheinungen weist in der hier erörterten Beziehung eine wichtige *Verschiedenheit* auf, je nachdem die Untersuchung der leblosen oder der organisierten Körper in Frage steht.
Bei der ersten findet sich der Mensch als ein verschwindend kleiner Teil in einer ungeheuren Folge von Erscheinungen, die er ohne wahnsinnige Überhebung niemals als Gesamtheit zu erblicken hoffen darf. Er ist deshalb genötigt, sobald er beginnt, sie im positiven Sinne zu studieren, zunächst die speziellsten Tatsachen in Betracht zu ziehen, um sich von ihnen stufenweise zu der Entdeckung allgemeinerer Gesetze zu erheben, welche ihrerseits später den Ausgangspunkt weiterer Forschungen bilden. In der Physik der organisierten Körper dagegen ist der Mensch selbst der vollendetste Typus der Gesamtheit der Erscheinungen, und daher beginnen seine positiven Entdeckungen notwendig mit den allgemeinsten Tatsachen, denen er hernach das notwendige Licht entnimmt, um damit in das Studium der Einzelheiten einzutreten, welche durch ihre Natur sich für immer einer ganz exakten Kenntnis entziehen werden. Mit einem Worte, in beiden Fällen geht der menschliche Geist vom Bekannten zum Unbekannten. Aber im ersten Falle erhebt er sich von dem Besonderen zum Allgemeinen, weil die Kenntnisse des Besonderen von ihm unmittelbarer können erworben werden, als die der Massen,während im zweiten Falle er damit beginnt, vom Allgemeinen zum Besonderen vorzuschreiten, weil er die Gesamtheit unmittelbarer kennt als die Teile. Die Vervollkommnung der beiden Wissenschaften in philosophischer Beziehung besteht wesentlich darin, daß er die Möglich-

keit findet, in jede von ihnen die Methode der anderen einzuführen, ohne daß doch diese jemals sich ebenso angemessen erweist, wie die ursprüngliche Methode.
Nachdem wir dieses Gesetz von dem höchsten Punkte der positiven Philosophie aus betrachtet haben, können wir es leicht an der Beobachtung des Ganges bestätigen, den die Entwicklung der Naturwissenschaften seit dem Augenblick, wo jede von ihnen endgültig den theologischen und metaphysischen Charakter aufzugeben hatte, bis zur Gegenwart genommen hat.
Tatsächlich sieht man beim Studium der unbelebten Körper die großen Einzelgebiete, nämlich die Astronomie, die Physik und die Chemie, in vollständiger Isolierung voneinander beginnen. Sie nähern sich hernach zu engeren und engeren Beziehungen, so daß man schon heute ihre offenkundige Tendenz bemerken kann, eine einzige Gesamtwissenschaft zu bilden. Betrachtet man sie ebenso einzeln, so sieht man, wie jede von ihnen aus dem Studium von zunächst unzusammenhängenden Tatsachen entsteht und stufenweise zu den gegenwärtig bekannten Allgemeinheiten aufsteigt. Nur in der Astronomie und in einigen Gebieten der terrestrischen Physik ist der menschliche Geist so weit gelangt, daß er in den grundlegenden Verhältnissen den entgegengesetzen Weg gehen kann. Man kann sogar sagen, daß in der Astronomie der ursprüngliche Gang derselbe gewesen ist und sich durch das Gesetz der allgemeinen Gravitation nur in einer tatsächlich sekundären Beziehung (wenn auch primär im Verhältnis zu uns) geändert hat, was die Gesamtheit der Erscheinungen anlangt. Denn dieses Gesetz umfaßt noch nicht in seinen Anwendungen die allgemeinsten astronomischen Tatsachen (und wird sie wahrscheinlich auch niemals umfassen), welche die verschiedenen Sonnensysteme in Beziehung setzen, da wir von solchen bisher noch keinerlei Kenntnis haben. Diese Bemerkung, die sich auf den vollkommensten Zweig der anorganischen Physik bezieht, liefert eine schlagende Bestätigung des Prinzipes, welches ich darlege.
Untersucht man nun den Teil dieses Prinzipes, welcher sich auf das Studium der lebenden Körper bezieht, so ist seine Bestätigung ebenso einleuchtend. In erster Linie ist der allgemeine Zusammenhang der Funktionen, aus denen ein Organismus besteht, sicherlich heute besser bekannt als die besondere Tätigkeit jedes einzelnen Organes. Und ebenso ist zweifellos unter

einem noch allgemeineren Gesichtspunkt das Studium der allgemeinen Beziehungen zwischen den verschiedenen Organismen, den tierischen wie den pflanzlichen, heute fortgeschrittener als das jedes einzelnen Organismus für sich. In zweiter Linie waren die verschiedenen Zweige, aus denen sich gegenwärtig die organische Physik zusammensetzt, ursprünglich miteinander vermischt und erst durch den Fortschritt der positiven Physiologie ist man dazu gelangt, die verschiedenen allgemeinen Gesichtspunkte genau zu zerlegen, unter denen ein lebender Körper betrachtet werden kann. Und man hat erst auf diese Unterschiede eine rationelle Einteilung der Wissenschaft begründen können. Dies ist so wahr, daß in Anbetracht der kurzen Zeit, während welcher die Physik der organischen Körper wirklich positiv geworden ist, die Verteilung ihrer hauptsächlichen Gebiete noch nicht vollständig klar durchgeführt ist. Diese Tatsache wird noch einleuchtender, wenn man von der Wissenschaft zu den Forschern übergeht, denn diese sind offenkundig in ihren Arbeiten sehr viel weniger spezialisiert als die Forscher, die sich mit dem Studium der unbelebten Körper beschäftigen.
Man kann es somit sowohl durch die Beobachtung wie durch die Überlegung als nachgewiesen ansehen, daß der menschliche Geist in der anorganischen Physik hauptsächlich vom Besonderen zum Allgemeinen aufsteigt, während er im Gegensatz dazu in der organischen Physik vom Allgemeinen zum Besonderen geht, und daß unzweifelhaft auf diesem Wege sich die Fortschritte der Wissenschaft seit langer Zeit und von dem Augenblick an vollziehen, wo sie den positiven Charakter annahmen.
Wenn der zweite Teil dieses Gesetzes bisher mißkannt worden ist und man geglaubt hat, daß auf jedem Gebiet der Forschung der menschliche Geist immer notwendig vom Besonderen zum Allgemeinen aufsteigt, so erklärt sich dieser Irrtum sehr natürlich aus dem Umstande, daß die Physik der unbelebten Körper sich zuerst hat entwickeln müssen und daß man zunächst aus der Beobachtung des ihr eigenen Weges die Vorschriften der positiven Philosophie entnommen hat. Aber die Fortdauer eines solchen Irrtums würde heute nicht mehr entschuldbar sein, wo die philosophische Beobachtung sich auf die beiden Gebiete der Naturwissenschaften erstrecken kann.
Wendet man auf die soziale Physik, die nur ein Zweig der Physiologie ist, das eben aufgestellte Prinzip an, so beweist es ersichtlich die Notwendigkeit, das Studium der Entwicklung des

Menschengeschlechts mit der Systematisierung der allgemeinsten Tatsachen zu beginnen, um von diesen stufenweise auf immer engere und engere Zusammenhänge überzugehen. Um aber keinerlei Unsicherheit über diesen wesentlichen Punkt bestehen zu lassen, ist es zweckmäßig, das Prinzip auf direktem Wege in diesem Sonderfall zu bewahrheiten.

Alle geschichtlichen Werke, die bis auf den heutigen Tag geschrieben sind, selbst die empfehlenswertesten, haben im wesentlichen nur den Charakter von Annalen gehabt und konnten überhaupt keinen anderen haben. Sie sind Beschreibungen nach chronologischer Ordnung einer bestimmten Reihe von besonderen Tatsachen, die mehr oder weniger wichtig und mehr oder weniger genau, aber unter allen Umständen voneinander isoliert sind. Zweifellos sind dabei Betrachtungen über die Ordnung und Reihenfolge der politischen Erscheinungen nicht vollständig übersehen worden, insbesondere im letzten halben Jahrhundert. Aber es ist klar, daß diese Beimischung noch ganz und gar nicht den Charakter dieser Werke umgewandelt hat, welcher immer noch durchaus *literarisch* ist.* Es existiert bisher noch keine wirkliche Geschichte, die im wissenschaftlichen Sinne aufgefaßt ist, d. h. zu ihrem Zweck die Erforschung der Gesetze hat, welche die soziale Entwicklung des Menschengeschlechtes beherrschen, was gerade der Zweck jener Arbeiten sein wird, die in diesem Kapitel untersucht worden sind.

65. Anwendung auf die Kulturwissenschaft

Die vorangehende Unterscheidung genügt zur Erklärung, warum man fast allgemein bisher geglaubt hat, daß man in der Geschichte vom Besonderen zum Allgemeinen vorgehen müsse und weshalb man im Gegenteil heute vom Allgemeinen zum Besonderen vorgehen muß, wenn man überhaupt Resultate erhalten will.

Denn wenn es sich nur darum handelt, mit Genauigkeit die allgemeinen Annalen des Menschengeschlechtes herzustellen,

* Es handelt sich hier nur darum, eine Tatsache festzustellen und nicht darum, sie zu beurteilen. Ich bin im übrigen durchaus überzeugt von der Nützlichkeit und sogar von der absoluten Notwendigkeit dieser Art von Schriften, da sie eine unumgängliche Vorarbeit darstellen. Man wird hoffentlich gegen mich nicht den Verdacht hegen, daß ich glaube, es könnte eine Geschichtswissenschaft ohne Annalen geben. Aber ebenso sicher ist es, daß Annalen ebensowenig Geschichtswissenschaft sind, wie meteorologische Beobachtungsprotokolle Physik sind.

so muß man natürlich mit denen der einzelnen Völker beginnen, und diese können wieder nur aus den Chroniken der Provinzen und Städte, ja schließlich aus Biographien entnommen werden. Um ähnlich, nur in anderer Beziehung, die vollständigen Annalen jedes Bruchteils der Bevölkerung aufstellen zu können, muß man eine Reihe von getrennten Dokumenten verbinden, welche sich auf jeden der Gesichtspunkte beziehen, unter denen dieser betrachtet werden soll. So muß man notwendig vorgehen, um die allgemeinen Tatsachen zusammenzustellen, welche das *Material* der wissenschaftlichen Politik oder der Gegenstand sind, auf den sich ihre Kombinationen beziehen. Aber durchaus der entgegengesetzte Gang wird unumgänglich nötig, sowie es sich direkt um die Bildung der Wissenschaft, d. h. um das Studium des Zusammenhangs der Phänomene handelt.

Denn da vermöge ihrer eigenen Natur alle Klassen der sozialen Phänomene sich gleichzeitig und unter gegenseitiger Beeinflussung entwickeln, so wird es vollkommen unmöglich, sich den Gang irgendeiner von ihnen zu erklären, bevor man vorher in allgemeiner Weise den Fortschritt des Ganzen begriffen hat.

Jedermann erkennt beispielsweise heute an, daß die Wechselwirkungen zwischen den verschiedenen europäischen Staaten zu wichtig sind, als daß ihre einzelnen Geschichten wirklich getrennt werden könnten. Aber dieselbe Möglichkeit ist nicht weniger einleuchtend für die verschiedenen Arten politischer Tatsachen, die man in einer und derselben Gesellschaft beobachtet. Die Fortschritte einer Wissenschaft oder einer Kunst stehen in offenkundigem Zusammenhang mit denen der anderen Wissenschaften und der anderen Künste. Die Vervollkommnung des Studiums der Natur und die Einwirkung auf die Natur hängen voneinander ab. Beide sind auf das engste mit dem Grade der sozialen Organisation verknüpft und umgekehrt. Somit müßte man, um mit Genauigkeit die wirklichen Entwicklungsgesetze des einfachsten Sondergebietes des sozialen Körpers kennenzulernen, notwendig denselben Grad der Genauigkeit für alle anderen erreicht haben, was eine offenkundige Absurdität ist.

Man muß deshalb im Gegenteil sich die Aufgabe stellen, das Phänomen der Entwicklung des Menschengeschlechtes in seiner größten Allgemeinheit zu begreifen. Es sind die wichtigsten

Fortschritte festzustellen und miteinander in Zusammenhang zu bringen, welches es nach den verschiedenen wichtigsten Richtungen gemacht hat. Man wird hernach versuchen, diesem System stufenweise eine größere und größere Bestimmtheit zu geben, indem man mehr und mehr die Intervalle der Beobachtungen und der Klassen der zu beobachtenden Erscheinungen unterteilt. Ebenso wird in praktischer Beziehung der Überblick der sozialen Zukunft zunächst in ganz allgemeiner Weise bestimmt werden müssen, wie er sich aus dem ersten Studium der Vergangenheit ergibt, und kann in dem Maße detaillierter gemacht werden, je mehr die Kenntnis der vergangenen Wege des Menschengeschlechtes sich entwickelt. Die letzte Vollendung der Wissenschaft, welche wahrscheinlich niemals vollständig erreicht werden wird, bestände in theoretischer Beziehung in dem genauen Begreifen der Reihenfolge des Fortschrittes seit dem Anfang von einer Generation zur anderen, sowohl für die Gesamtheit des sozialen Körpers, wie auch für jede einzelne Wissenschaft, jede Kunst, jeden Teil der politischen Organisation und in praktischer Beziehung in der genauen Bestimmung des Systems, welchen der natürliche Entwicklungsgang der Kultur zum herrschenden machen muß nach allen wesentlichen Einzelheiten.

Dies ist die Methode, wie sie unbedingt durch die Natur der sozialen Physik vorgeschrieben ist.

Editorische Notiz

Original: *Prospectus des travaux scientifiques nécessaires pour réorganiser la société,* 1822; zuerst in: C.-H. de Saint-Simon, *Suite des travaux ayant pour objet de fonder le système industriel, du contrat social;* Wiederabdruck in: Auguste Comte, *Système de politique positive,* 4 Bde., Paris 1929 (erstmals 1854), Bd. IV unter dem Titel: *Plan des travaux scientifiques nécessaires pour réorganiser la société.* Der hier vorgelegte Text stammt aus Auguste Comte, *Entwurf der wissenschaftlichen Arbeiten, welche für eine Reorganisation der Gesellschaft erforderlich sind.* Deutsch herausgegeben, eingeleitet und mit Anmerkungen versehen von Wilhelm Ostwald, Leipzig 1914. Die Unterteilung in Abschnitte stammt von Wilhelm Ostwald; die Unterteilung in mit römischen Zahlen gekennzeichnete Kapitel wurde hinzugefügt. Die Herausgabe wurde von Dieter Prokop besorgt.

Dieter Prokop (Hrsg.), Materialien zur Theorie des Films. Ästhetik · Soziologie · Politik. 544 Seiten. Hanser Paperback, München 1971

»Es ist der Ansatz des Soziologen, der Film erklären und interpretieren will aus dem Rekurs auf die gesellschaftlichen und wirtschaftlichen Entstehungsverhältnisse des Filmwerks, der die Ästhetik des Filmmediums ableiten möchte aus der Warenfunktion des Films in der kapitalistischen Gesellschaft. Dies scheint uns nicht ein Interpretationsansatz unter vielen, sondern immer noch, trotz allen Aufbegehrens der ›sensibilistischen‹ Filmkritik, der wichtigste Ansatz moderner Filmtheorie zu sein. Prokop polemisiert einmal in einer Anmerkung seines (an Anmerkungen reichen) Buches gegen die ›theorielose‹ Filmkritik. Es ist verdienstvoll, daß in dem von Prokop selbst verfaßten einleitenden Kapitel ›Versuch über Massenkultur und Spontaneität‹ der Versuch unternommen wird, wichtiges Material der Filmtheorie und der Filmkritik nicht nur aufzuarbeiten, sondern auch einem einheitlichen Denksystem zuzuordnen. Ähnliches vollzieht sich zur Zeit in der französischen Filmkritik, wo die Zeitschriften ›Cahiers du cinéma‹ und ›Cinéthique‹ ebenfalls eine neue Praxis des Schreibens über Filme entwickelt haben, die sich aus der Verneinung jeglichen Empirismus und Subjektivismus herleitet und die Notwendigkeit einer strengen Theorie postuliert.«

Ulrich Gregor
in der »Frankfurter Rundschau«

Reihe Hanser

1 Elias Canetti: *Die Stimmen von Marrakesch.* Aufzeichnungen nach einer Reise.
3 *Marx-Chronik.* Zusammengestellt von Maximilien Rubel.
5 Erich Fried: *Zeitfragen.* Gedichte.
7 Reinhard Lettau: *Feinde.*
8 Tadeusz Rózewicz: *Entblößung.* Erzählung.
10 Stanislaw Jerzy Lec: *Letzte unfrisierte Gedanken.* Aphorismen.
11 Günter Kunert: *Die Beerdigung findet in aller Stille statt.* Erzählungen.
12 *Kritik – von wem / für wen / wie?* Hrsg. von Peter Hamm.
14 Reinhard Kühnl: *Deutschland zwischen Demokratie und Faschismus.* Zur Problematik der bürgerlichen Gesellschaft seit 1918.
15 Wolf Wondratschek: *Früher begann der Tag mit einer Schußwunde.*
16 *Das Denken von Sade.* Aufsätze von R. Barthes, H. Damisch, P. Klossowski, Ph. Sollers und M. Tort. Hrsg. von »Tel Quel«.
17 Miroslav Holub: *Obwohl . . .* Gedichte.
18 Joachim Schickel: *China: Die Revolution der Literatur.*
19 Lars Gustafsson: *Der eigentliche Bericht über Herrn Arenander.* Roman.
20 Paul Jacobs / Saul Landau: *Die Neue Linke in den USA.*
21 Gabriel Laub: *Verärgerte Logik.* Aphorismen.
22 Barbara König: *Spielerei bei Tage.* Erzählungen.
23 Elias Canetti: *Der andere Prozeß.* Kafkas Briefe an Felice.
24 Allen Ginsberg: *Planet News.* Gedichte
25 Petr Kropotkin: *Die Eroberung des Brotes und andere Schriften.* Hrsg. von Hans G Helms.
27 Hans Heinz Holz: *Widerspruch in China.* Politisch-philosophische Erläuterungen zu Mao Tse-tung.
28 *Musik auf der Flucht vor sich selbst.* Hrsg. von Ulrich Dibelius.
31 Michail Bachtin: *Literatur und Karneval.* Zur Romantheorie und Lachkultur.
33 Günter Kunert: *Warnung vor Spiegeln.* Gedichte.
35 Günter Bruno Fuchs: *Handbuch für Einwohner.*
37 Karel Michal: *Gespenster für den Alltag.* Geschichten.
38 Horst Bienek: *Bakunin, eine Invention*
40 Karl Heinz Bohrer: *Die gefährdete Phantasie, oder Surrealismus und Terror.*
41 Svetozar Stojanović: *Kritik und Zukunft des Sozialismus.*
42 *Guerrilleros, Partisanen.* Theorie und Praxis. Hrsg. von Joachim Schickel.
43 Alfred Jarry: *König Ubu, Ubu Hahnrei, Ubu in Ketten.*
44 Wolf Wondratschek: *Ein Bauer zeugt mit einer Bäuerin einen Bauernjungen, der unbedingt Knecht werden will.*
45 *Let it bleed.* Die Rolling Stones in Altamont. Berichte und Photos. Hrsg. von Siegfried Schober.
46 Richard Brautigan: *In Wassermelonen Zucker.* Roman.
47 *Sprache und Stil Lenins.* Aufsätze von V. Schklowski, B. Eichenbaum, L. Jakubinski, J. Tynjanow, B. Kasanski, B. Tomaschewski. Hrsg. von Fritz Mierau.
48 Kvetoslav Chvatik: *Strukturalismus und Avantgarde.* Aufsätze zur Kunst und Literatur.
49 August Strindberg: *Ein Lesebuch für die niederen Stände.* Hrsg. von Jan Myrdal.
50 Elias Canetti: *Alle vergeudete Verehrung.* Aufzeichnungen 1949–1960.
52 Arnfrid Astel: *Kläranlage.* 100 neue Epigramme.
53 Lars Gustafsson: *Utopien.* Essays.

55 Lenin: *Über historischen Materialismus.* Hrsg. von Alfred Schmidt.
56 Michael Pehlke/Norbert Lingfeld: *Roboter und Gartenlaube.* Ideologie und Unterhaltung in der Science-Fiction-Literatur.
57 Klaus Wallraven/Eckart Dietrich: *Politische Pädagogik.* Aus dem Vokabular der Anpassung.
58 Eldridge Cleaver/Lee Lockwood: *Gespräche in Algier.*
60 Paul Lüth: *Ansichten einer künftigen Medizin.*
61 Wolf Lepenies/Helmut Nolte: *Kritik der Anthropologie.*
62 Witold Wirpsza: *Der Mörder.* Erzählungen.
63 *Verwaltete Musik.* Hrsg. von Ulrich Dibelius.
64 *Die Unterhaltung der deutschen Fernsehfamilie.* Hrsg. von Friedrich Knilli.
65 Alain Labrousse: *Die Tupamaros.* Stadtguerrilla in Uruguay.
66 *Die Tabus der bundesdeutschen Presse.* Hrsg. von Eckart Spoo.
68 *a + b leuchten im Klee.* Psychopathologische Texte. Hrsg. von Leo Navratil.
70 *Das Rechtskartell.* Reaktion in der Bundesrepublik. Hrsg. von Harald Jung und Eckart Spoo.
71 Dylan Thomas: *Abenteuer in Sachen Haut.* Erzählungen.
72 Wolf Wondratschek: *Paul oder die Zerstörung eines Hörbeispiels.* Hörspiele.
73 Richard Brautigan: *Forellenfischen in Amerika.* Roman.
74 Klaus Völker: *Brecht-Chronik.* Daten zu Leben und Werk
75 Helmut Ostermeyer: *Strafunrecht.*
76 Christopher Caudwell: *Bürgerliche Illusion und Wirklichkeit.* Beiträge zur materialistischen Ästhetik. Hrsg. von Peter Hamm.
77 Uwe Brandner: *Mutanten Milieu.* Bericht aus dem Land Asphalt & Alphabet.
78 Ulrike Prokop: *Soziologie der Olympischen Spiele.* Sport und Kapitalismus.
79 Afheldt/Potyka/Sonntag/von Weizsäcker: *Durch Kriegsverhütung zum Krieg?*
80 Wolf Lepenies: *Soziologische Anthropologie.* Materialien.
81 Peter Klein: *Francos zweite Inquisition.* Spanien zwischen Folter und EWG.
82 Pierre Hoffmann/Nikitas Patellis: *Demokratie als Nebenprodukt.* Versuch einer öffentlichen Planung.
83 Jean-Luc Godard: *Godard/Kritiker.* Gesammelte Kritiken und Aufsätze über Film (1950–1970). Hrsg. von Frieda Grafe.
84 Alfred Schmidt: *Geschichte und Struktur.* Fragen einer marxistischen Historik.
85 Gary Snyder: *Maya.* Gedichte.
86 Jorge Luis Borges: *David Brodies Bericht.* Erzählungen.
87 Boris Arvatov: *Kunst und Produktion.* Entwurf einer proletarisch-avantgardistischen Ästhetik (1921–1930). Hrsg. von Hans Günther und Karla Hielscher.
88 Miladin Zivotič: *Proletarischer Humanismus.* Studien über Mensch, Wert und Freiheit.
89 *Das Böse.* Dokumente und Interpretationen. Hrsg. von Gerhard Zacharias.
90 Marquis de Sade: *Der Greis in Charenton.* Letzte Aufzeichnungen und Kalkulationen.
91 Vladimir Kazakov: *Meine Begegnungen mit Vladimir Kazakov.* Prosa.

92 Alfred Jarry: *Der Alte vom Berge.* Gedichte, Dramen, Prosa. Hrsg. von Klaus Völker.
93 Joachim Steffen u. a.: *Fetisch Eigentum.* Wie privat sind Grund und Boden? Hrsg. von Eckart Spoo.
94 H. H. Henschen/R. Wetter: *Anti-Olympia.* Ein Beitrag zur mutwilligen Diffamierung und Destruktion der Olympischen Spiele und anderer Narreteien.
95 Horst Bienek: *Solschenizyn und andere.* Essays.
96 *Plädoyers für eine Europäische Sicherheitskonferenz.* Hrsg. von Walter Fabian.
97 *Wagner-Chronik.* Zusammengestellt von Martin Gregor-Dellin.
98 Wolfgang Bächler: *Traumprotokolle.* Ein Nachtbuch.
99 Ulrich Albrecht: *Politik und Waffengeschäfte.* Rüstungsexport in der BRD.
100 *Und sie fliegen über die Berge, weit durch die Welt.* Aufsätze von Volksschülern. Hrsg. von ihrem Lehrer Ludwig Harig.
101 Ulrich Kurowski: *Lexikon Film.*
102 Fritz J. Raddatz: *Erfolg oder Wirkung.* Schicksale politischer Publizisten in Deutschland.
103 John Heartfield: *Krieg im Frieden.* Fotomontagen zur Zeit. 1930 bis 1938.
104 Helmut Nolte/Irmingard Staeuble: *Zur Kritik der Sozialpsychologie.*
105 Ferruccio Rossi-Landi: *Sprache als Arbeit und als Markt.* Kommunikationsforschung.
106 Charles W. Morris: *Grundlagen der Zeichentheorie. Ästhetik und Zeichentheorie.* Kommunikationsforschung.
107 Hans Heinz Holz: *Strömungen und Tendenzen im Neomarxismus.*
108 Rüdiger Thomas: *Modell DDR.* Die kalkulierte Emanzipation.
109 Alfred Schmidt: *Emanzipatorische Sinnlichkeit.* Ludwig Feuerbachs anthropologischer Materialismus.
111 Elias Canetti: *Die gespaltene Zukunft.* Aufsätze und Gespräche.
112 *Ansichten einer künftigen Futurologie.* Zukunftsforschung in der zweiten Phase. Hrsg. von Dietger Pforte und Olaf Schwencke.
113 Walter Kempowski: *Haben Sie Hitler gesehen?* Deutsche Antworten.
114 Günter Bruno Fuchs: *Reiseplan für Westberliner anläßlich einer Reise nach Moskau und zurück.* Handbuch für Einwohner No. 2.
115 *Marxismus und Formalismus.* Dokumente einer literaturtheoretischen Kontroverse. Hrsg. von Hans Günther.
116 Leo Kofler: *Aggression und Gewissen.* Grundlegung einer anthropologischen Erkenntnistheorie.
117 Tadeusz Różewicz: *Der Tod in der alten Dekoration.* Erzählung.
118 *Eine andere Verteidigung?* Alternativen zur atomaren Abschreckung. Aus der Arbeit der Vereinigung Deutscher Wissenschaftler.
119 Helmut Eisendle: *Handbuch zum ordentlichen Leben.*
120 Helmut H. Diederichs: *Konzentration in den Massenmedien.* Systematischer Überblick zur Situation in der BRD. Kommunikationsforschung.
121 Karl Held: *Kommunikationsforschung – Wissenschaft oder Ideologie?* Materialien zur Kritik einer neuen Wissenschaft. Kommunikationsforschung.
122 *Neue Ansichten einer künftigen Germanistik.* Hrsg. von Jürgen Kolbe.
123 Karl Heinz Bohrer: *Der Lauf des Freitag.* Die lädierte Utopie und die Dichter. Eine Analyse.
124 Elias Canetti: *Masse und Macht.* 1. Band.

Reihe Hanser